教育カウンセリング概説

子どもたちの発達課題を解決し成長を援助する

國分康孝
Yasutaka Kokubu

educational counseling

図書文化

まえがき

　本書は「教育カウンセリングとは何か。なぜそれが必要なのか」をすべての教育関係者に知っていただきたいという願いから執筆されたものである。

　現今の日本のスクールカウンセリングは「治すカウンセリング」志向である。これに対して教育カウンセリングは「育てるカウンセリング」志向である。「育てる」とは発達課題を解決し成長するのを援助するという意味である。

　結論から言えば，日本のスクールカウンセリングはアメリカのそれと同じように，「育てるカウンセリング」にウエイトをシフトしたほうが，子どもの福祉にはよりいっそう効果的ではないか，と問いかけたいのである。

　これが本書のねらいである。

　ところで本書でいう教育カウンセリングとは，NPO法人「日本教育カウンセラー協会」の提唱する教育カウンセリングのことである。その骨子をひとことで言うと「教育者だからこそできるカウンセリング」「教育の役に立つカウンセリング」あるいは「教育とカウンセリングの両方になじみのある人の行うカウンセリング」といえよう。

　本書の読者が「教育の専門家 professional educator」としてのアイデンティティと気概をもってくださることを願っている。

　そして本書の編集を引き受けてくださった東則孝さん・菅原佳子さんと，出版をサポートしてくださった図書文化社の村主典英社長に心から感謝申し上げたい。

　2009年秋

國分　康孝

★教育カウンセリング概説　目次★

まえがき・2

第1章　教育カウンセリングの意味と意義・4
ロジャーズ方式の功罪・4
臨床心理学志向のスクールカウンセリング・9

第2章　教育カウンセリングの特色・16
アウトドアとプログラム志向・16
リーダーシップと現実原則志向・18　自己開示・19

第3章　教育カウンセラーの守備範囲・22
子どもの発達課題・24　教育者の発達課題・27
学校の発達課題・30

第4章　カウンセリング心理学・34
カウンセリング心理学，8つの各論・36

第5章　教育カウンセリングの原理と方法と技法・48
教育カウンセリングの原理・48　教育カウンセリングの方法・51
教育カウンセリングの技法・52

第6章　教育カウンセラーの基本姿勢・60
リレーションを育てる・60　ワンネス・62　ウイネス・65
アイネス・69　まとめ・73

第7章　教育カウンセリングと隣接する
カウンセリングとの異同・74
学校カウンセラー・77　認定カウンセラー・78　学校心理士・79
キャリア・カウンセラー・81　教育カウンセラー・83

あとがき・85

第1章 教育カウンセリングの意味と意義

　全国の教育関係者に教育カウンセリングを普及定着させようとの志をNPO法人「日本教育カウンセラー協会」が立てたのは，次の理由による。

　これまでの学校におけるカウンセリングは，教育相談でもスクールカウンセリングでも，あまり教育の役に立たなかった。

　なぜ役に立たなかったのかに答えるのが本章のねらいである。またこれまでのカウンセリングとは「ロジャーズの来談者中心カウンセリング」と「臨床心理学志向のカウンセリング」のことである。

ロジャーズ方式の功罪

根付かなかったロジャーズ方式 ▶▶▶

　ひところ（昭和30年代〜50年代），日本のカウンセリング界はロジャーズの来談者中心法が風靡した。しかしその割には教育界に根付かなかったように思われる。

(1) **心理療法とカウンセリングを識別しなかった**

　その第1の理由は，ロジャーズ方式は心理療法とカウンセリングを識別しなかったことにあると思われる。すなわち「病理的心理の治療」と「健常児の成長援助」との識別をしなかったのである。

　健常児の成長援助とは，すべての子どもの発達課題を解決し，成長を援助するという意味である。これはロジャーズのように「受容」あるいは「共感的理解」だけでは，子どもの成長を促進することはできないということである。心理療法と違い，カウンセリングは現実原則（発達課題）を打ち出す度合いが高いからである。

　例えば，年長者には敬語を使うこと，人にものを頼むときには「すみませんが」と言うことを教えないと，「人間関係」という発達課題を通過しにくい。それゆえにこそ，カウンセリングの方法として「ソーシャルスキル教育」が提唱され始めている。

　心理療法の対象になる人々は，過剰学習の結果として苦しんでいる場合が多いので，その対策は学習解除志向になる。それゆえ，受容や共感や「どうぞご自由に」のような対応が主になる。例えば，きちんとしつけられすぎて子どもらしい活気に欠ける子どもには，「泥んこ遊び」「水遊び」「粘土遊び」「プレイセラピイ」など，快楽原則を主軸にした方法を展開する。

　しかし教育で対象とする健常児には，学習不足にならないように，能動的に学習の場を提供しなければならない。それゆえ現実原則志向（教示・指示・禁止）になる。遅刻をしてはいけない，宿題を忘れてはいけない，弱い者いじめをしてはいけない，自己卑下をしてはいけないと教えることが教育（社会化 socialization）なのである。

　教育の役に立つカウンセリングは，心理療法よりも能動的である。

(2) 現象学に偏っていた

ロジャーズ方式のカウンセリングが教育の世界に定着しなかった第2の理由は，現象学に偏向していたからと思われる。現象学とは「受け取り方の世界（認知）こそ真の世界である」という考え方のことである。客観の世界を本人がどう受け取るかが主たるテーマになる。たしかに容姿端麗な青年でも「自分は冴えない人間である」と思っていると（認知），交友関係で尻込みする。いっぽう，ルックスはいまひとつでも「私は魅力ある人間である」という現象学的世界をつくっている人はものおじしない。それゆえ，現象学は自他の人生に役立つ観点ではある。

しかし教育は現実原則志向ゆえ，現象学だけでは役に立たないことが少なくない。「自分は魅力ある人間である」と自己肯定的で活気があっても，周りの人間は我慢してつき合っているだけという客観の世界に対峙させないと，教育にならないことがある。

例えば，自分はふざけているだけだと思っている子どもがいる。相手は「いじめられている」「辱められている」と感じている事実に気づかせて，現象学的世界（受け取り方の世界，認知の世界）を変容させるカウンセリングが，教育の役に立つ。

そのためにはプログラムを展開することである。SGE（構成的グループエンカウンター），サイコエジュケーション，グループワークなどがその例である。

(3) 個別面接志向だった

ロジャーズ方式のカウンセリングが日本の教育界に定着しなかった第3の理由は，個別面接志向だったからと思われる。子ども1人に1回40～50分の面接を重ねて「人格の変容 personality change」

を図るという方式は，教師にはなじみにくいものがあった。

　教師は授業とか学級経営とか保護者会とか，グループ対象の仕事が主である。それゆえ，グループアプローチを主とするカウンセリング（例：SGE，キャリア教育，サイコエジュケーション，グループワーク，合宿）のほうが異和感が少なくなじみやすい。いま全国の教育委員会の100パーセントが教育研修にSGEを取り入れているが，これはグループアプローチが教師にはなじみやすく，効果も効率も個別面接以上のものがあるからではないかと推論される。

　以上，ロジャーズ方式のカウンセリングが教育界に定着しなかった理由を3つあげた。

---

(1)　心理療法とカウンセリングの識別がなかったこと
(2)　現象学に偏向したこと
(3)　個別面接志向であったこと

教育カウンセリングが重視するロジャーズ理論 ▶▶▶

　この3つの問題を解決しつつある「教育の役に立つカウンセリング」，それが教育カウンセリングである。

　ただし，教育カウンセリングはロジャーズの理論・技法・哲学のすべてを否定しているわけではない。折衷主義を提唱したアイビイもカーカフもそれぞれ「かかわり行動」「かかわり技法」としてロジャーズをそれぞれのカウンセリング・モデルの中に取り入れている。それと同じように，教育カウンセリングでは次のようにロジャーズの功績を認め取り入れている。

⑴ **カウンセリングにおけるリレーションの不可欠性**

　ロジャーズ理論の功績のひとつは，リレーションを通して人は成長する（自己概念の変容）ことを実証したことにある。このリレーションのキーコンセプトは，カウンセラー側の「自己一致」「共感」「受容」である。このコンセプトは教育カウンセリングの「自己開示」「ワンネス」というキーコンセプトに継承されている。

⑵ **カウンセリングの技法やプロセスをリサーチし，それをオープンにしたサイエンティストのスピリット**

　周知のようにロジャーズは「カウンセリングをしているときはアーティストであるが，その後で効果やプロセスを検討するときはサイエンティストである」と述べた。「1人のカウンセラーがアーティストとしての面とサイエンティストとしての面を2つもっている」というのである。

　教育カウンセリングでは「教育カウンセラーは『リサーチ（研究）のできる実践家 Practitioner-Scientist』でなければならない」と考えている。それゆえ，リサーチを活発化するために「教育カウンセリング学会」（2003年）を設立した。

⑶ **個人尊重の思想**

　初期のロジャーズも晩年のロジャーズも「個々人の存在に敬意を表する」姿勢に変化はなかった。すなわち，貧者も富者も，秀才も鈍才も，おごれる者も自己卑下の者も，等しき人間として遇する思想は教育カウンセリングも継承している。この思想はペスタロッチのいう「玉座の上にあっても，藁ぶきの家にあっても等しき人間，これぞ真の人間である」という思想と同じである。多くの教育者が

納得できる思想であると思われる。

　この思想の哲学的根拠を私は実存主義に求めているが，人によっては神学に求める人もいよう。あるいは自然主義に立脚する人もいよう。哲学は各自の好むところでよしとしたい。

　以上を要約する。これまでのカウンセリングでは教育に不十分なので，教育の役に立つ育てるカウンセリング，すなわち教育カウンセリングが提唱されるようになった。これまでのカウンセリングの主軸であったロジャーズ方式が，どのような点で教育カウンセリング誕生の伏線になったかを前述した。

　そこで次に，これまでのカウンセリングのもう1つの主軸について考察したい。それは臨床心理学志向のカウンセリングがどのような点で教育カウンセリングの誕生を促したかということである。

臨床心理学志向のスクールカウンセリング

臨床心理学は心理療法を支える ▶▶▶

　以前はロジャーズの来談者中心法志向であったが，平成7年以降の日本のスクールカウンセリングは臨床心理学志向である。スクールカウンセリングが臨床心理学の独占するところになってはならない，と主張するのが教育カウンセリングである。

　このような主張をする理由は1つに尽きる。臨床心理学はカウンセリングを支える学問ではないからである。臨床心理学はサイコセラピー（心理療法，または精神療法）を支える学問である。それゆえ臨床心理士はサイコセラピストであって，カウンセラーではない。

　にもかかわらず，臨床心理士のみが正規のスクールカウンセラー

であり，カウンセリング心理学，キャリア心理学，学校心理学，リハビリテーション心理学，教育学，保育学などの出身者は準カウンセラーである，というのがこれまでの日本のスクールカウンセリング制度であった。

　資格というものには守備範囲（スコープ scope）がある。弁護士は検事の仕事をしない。眼科医は歯の治療はしない。看護師は手術をしない。ところが心理療法家が教育者の仕事をしている。

　スクールカウンセリングは教育者の仕事である。なぜならばスクールカウンセリングは「発達課題の解決を援助し成長を促進する活動」だからである。それゆえアメリカのスクールカウンセラーのプロフェッショナル・アイデンティティは「認定された教育の専門家 certified professional educator」である。決して「臨床心理士 clinical psychologist」というアイデンティティではない。

　教育カウンセリングはアメリカのスクールカウンセリングと同じ前提に立っているということである。すなわち，教育カウンセラーは「心理療法家（サイコセラピスト）」ではなく「教育の専門家」というアイデンティティをもっているということである。

　ただし，アメリカのスクールカウンセラーと日本の教育カウンセラーと異なる点がいまのところ１つある。日本の教育カウンセラーは学級担任，養護教諭，指導主事，校長・教頭などが主であるが，アメリカのスクールカウンセラーは授業や学級や学校経営に従事しないポストを有していることである。学校のガイダンス・カウンセリングのコーディネーターに近いポストである。日本の生徒指導担当教師に似たポストである。

　やがて教育カウンセラーの中から授業をもたないアメリカのスクールカウンセラーのようなポストを占める人が輩出される時代が来

るかもしれない（例：都立新宿山吹高校のカウンセラー）。しかし私は学級担任を主役にした，学校全体が関与するカウンセリングが日本では定着するし，効果的ではないかと思っている。

学校教育独自の課題 ▶▶▶

臨床心理学は学校教育を主たる守備範囲にできるか。否。これが教育カウンセリング誕生の理由である。学校は次に列挙する発達課題を子どもたちが乗り越えて成長するのを援助する機関である。臨床心理学のなじまない領域がそこにある。

---

① 知的発達　academic development

② 人生計画　career development

③ 自立　personal development

④ 人間関係　social development

⑤ 健康　health development

以上5つの課題が教育カウンセリング（アメリカのスクールカウンセリングに相当）の守備範囲である。

臨床心理学では学習指導や学級経営は研究対象ではない。キャリア問題・生き方について子どもを指導する研究はしていない。病理的人格の治療は研究するが，育児・しつけ方は主たるテーマではない。人間関係の育て方（例：ソーシャルスキル教育）も臨床心理学の主たるテーマではない。健康教育については養護教諭に及ばない。

にもかかわらず，臨床心理学を専攻した者でなければ正規のスクールカウンセラーに起用されないという制度は職業倫理を満たしているとは言えないだろう。

なぜこのような，できないことをできるかのように宣伝し，公費を使うことが平成7年以降続いてきたのか。それは臨床心理学とそれ以外のプロフェッショナル・サイコロジー（問題解決志向の心理学，例：応用心理学―基礎心理学の対照概念）との識別をしなかったからである。

　資格にはそれを支える学問がある。教育カウンセラーという資格を支える学問は一般的にいえばカウンセリング心理学である。臨床心理士という資格を支える学問は臨床心理学である。そこでカウンセリング心理学と臨床心理学の異同を考察しておきたい。

カウンセリング心理学と臨床心理学の異同 ▶▶▶

　両者の共通性の1つは，基礎心理学（知能，記憶，学習など行動の基本概念・理論の研究）ではなく，プロフェッショナル心理学（不安・恐怖・不和・依存過多など心理的問題への解決方法の研究）であること。それゆえ，両者は同義に解されやすい。

　第2の共通性は両者とも支えとする理論の大半が同じであること。すなわち両者とも精神分析理論・自己理論・行動理論・ゲシュタルト療法理論・論理療法理論・認知行動療法理論・特性・因子理論・実存主義的理論・交流分析理論を共有している。ただしその理論の使い方が違う。

　例えば精神分析理論をカウンセリング心理学では「精神分析的カウンセリング」として用いるが，臨床心理学では「精神分析的心理療法」として用いる。ねらいや技法に相異がある。同じことが行動理論についてもいえる。行動カウンセリングとして用いるか，行動療法として用いるかの差（ねらい，技法）がある。

　要するによって立つ理論が同じなので，カウンセリング心理学と

臨床心理学の識別はしにくいという事情はある。

しかし，この両者には次のような相違がある。相違があるがゆえに，アメリカ心理学会では臨床心理学は第12部会，カウンセリング心理学は第17部会と分離独立している。

ではこの両者はどのように異なるのか。おもなチェックポイントが4つある。

(1) 目　的

カウンセリング心理学はカウンセリングという援助活動を研究する心理学である。臨床心理学はサイコセラピーという援助活動を研究する心理学である。

カウンセリングとは，発達課題を解決して成長するのを援助する活動であり，サイコセラピーとは病理行動の除去・緩和を援助する活動である。要約すれば「成長発達」のための研究と「治療」のための研究という相違がある。

「成長発達」と「治療」の違いは何か。前者は現実原則の中で行われ，後者は現実原則の免除された中で行われる。たとえていえば，土俵（現実原則）から一時降りて休息している人が再び土俵に戻れるように援助するのが治療である。土俵の上でさまざまな相手と相撲をとって体力と腕を高めつつあるのが「成長発達」（カウンセリング心理学のねらい）の図である。

(2) 方　法

カウンセリングは発達課題を守備範囲とするので，主たる対応策（インターベンション）はグループアプローチになる。発達課題は年齢によって共通しているので，個別対応よりも集団を対象に行ったほうが効率的かつ効果的だからである。

したがってカウンセリング心理学は年齢や職業や境遇の同じ人た

ちのグループへの援助法（例：サポートグループ，シェアリング，SGE，ガイダンス，グループワーク）を開発提唱するという特色がある。

　いっぽう，治療を要する人にはまず個別面接が不可欠であるから，臨床心理学は面接治療の専門家を養成しようとする。学校に派遣された臨床心理士が「自分の部屋」を所望するのは診療所（個別面接を不可欠とする）をイメージしているからであろう。

(3) 対　象

　カウンセリングは発達課題を扱うので対象は老若男女の健常者すべてを対象とする。それゆえ，カウンセリングを研究対象とするカウンセリング心理学は育児・恋愛・結婚・人間関係・キャリア・健康・人生観・人材育成など多様な研究テーマをもつことになる。

　サイコセラピーは病理的心理の治療が主たる目的であるから，対象は一部分の人たちになる。したがってサイコセラピーの上位概念になる臨床心理学はいわゆる異常心理が主たる研究対象になる。

　カウンセリング心理学と臨床心理学とでは守備範囲が広いか狭いかの違いがあると考えられる。

(4) 訓練内容

　カウンセラー教育と臨床心理士教育では教育課程に違いがある。

カウンセラー教育の主たる学習領域

① 　カウンセリング理論

② 　問題行動の心理（etiology）

③ 　アセスメント（投影法を除く）

④ 　カウンセリング技法

> **臨床心理士教育の主たる学習領域**
> ① 神経心理学（neuropsychology）
> ② 精神病理学（psychopathology, or psychiatry）
> ③ アセスメント（投影法が主となる）
> ④ サイコセラピー技法

　対照的にいえば，カウンセラー教育は「個体間（inter-personal）」の問題解決に有用な知識と技法を，臨床心理士教育は「個体内（intra-personal）」の問題解決に有用な知識と技法を学習することになる。

　ここで日米の相異にふれておきたい。アメリカのスクールカウンセラーはカウンセリング心理学，カウンセラー教育，学校心理学，スクールソーシャルワークの分野で修士号を取得した人が主流であり，臨床心理学出身者はマイノリティグループである。

　いっぽう，日本のスクールカウンセラーは臨床心理学出身者が主流であり，非臨床心理学出身者は「準扱い」（臨時雇い）である。その結果はどうか。

　財務省の調査（2004年）によれば，臨床心理士を派遣した学校は問題行動が10%減少しただけであったが，非臨床心理士のカウンセラー（例：教育カウンセラー）を派遣した学校は30%減少した。それゆえ財務省は文部科学省に「準カウンセラー制度」を撤廃するよう勧告した。しかし文部科学省は撤廃しなかった。

　私は「準制度」を廃止して，教育現場の役に立つカウンセリングを普及させることを提唱するものである。

第2章 教育カウンセリングの特色

　教育カウンセリングはロジャーズの来談者中心法が学校教育に不適なところを乗り越え，心理療法志向のスクールカウンセリングに対峙して（コンフロンテーション）誕生した教育方法である。それは次に列挙する6つの特色を有している。

アウトドアとプログラム志向

1　個室内の面接だけがカウンセリングではないと考えている ▶▶▶

　廊下や駅ですれ違うときも，授業やスポーツ大会のときも，要するに子どもと接しているときに，子どもの思考・感情・行動のいずれかにポジティブな反応を引き起こす対応をすることをカウンセリングと考える。「言語および非言語的コミュニケーションを通して行動の変容を試みる人間関係」をカウンセリングと定義している。
　日常の教育場面，生活場面での人間関係がカウンセリングであると考えるので，傾聴・受容・共感を主にする面接だけでなく，教師の自己開示，自己主張（コンフロンテーション），行動化も含むもの

が教育カウンセリングの特色といえる。すなわち日常で役に立つカウンセリングとは，特定の学派・方法・技法に偏向しない折衷主義に立つカウンセリングにならざるを得ないということである。

以上を通俗的に表現すれば，教育カウンセリングはインドア・カウンセリング（室内での会話）ではなく，アウトドア・カウンセリング（室外での活動）ということになる。

2　すべての子どもを対象としている ▶▶▶

現今のスクールカウンセリングは不登校・いじめ・非行などの問題行動をもった一部の子どもへの援助が主軸になっている。これと対照的に，教育カウンセリングは問題行動が起こらないように，さらには子どもがいまよりも成長するようにとの目的で，すべての子どもを対象に予防開発的な働きかけをする。

すべての子どもを対象に働きかけるには，面接方式のカウンセリングよりも，プログラム展開方式のグループアプローチのほうが効率的かつ効果的である。

3　プログラム志向のグループアプローチである ▶▶▶

個別面接を通しての洞察・修正感情体験・模倣・支持・リフレーミングなどが子どもの行動変容を起こすことには異論はない。

しかし健常児対象に予防開発的な働きかけをする場合には，グループ体験が個別面接以上の効果をもたらすと思われる。子ども同士でも支持・リフレーミングはできるし，修正感情体験や洞察に類した体験はできるからである。そのためには子どもの年齢に適したプログラムを必要とする。

例えば，片野智治ほか編『実践サイコエジュケーション』，清水

井一編『社会性を育てるスキル教育』シリーズ，酒井緑著『エンカウンターでイキイキわくわく保健学習』，國分康孝ほか編『エンカウンターで学級が変わる』シリーズ（いずれも図書文化社）など教育カウンセリングのプログラム方式を例示している。

リーダーシップと現実原則志向

4　カウンセラーにリーダーシップを期待している ▶▶▶

　教育カウンセラーはグループ対象にプログラムを展開する関係上，リスナーにとどまるわけにはいかない。グループを①まとめ，②動かしつつ，③一人一人のメンバーをケアすることをリーダーシップというが，これが必要である。柔の中に剛を，優しさの中に毅然さを，母性の中に父性を発揮できなければならない。

　これまでのカウンセリング理論は個人をヘルプする原理と技法を示唆してくれたが，リーダーシップについては直接ふれていない。それゆえ，教育カウンセリングの今後の研究課題として，グループ心理学（集団力学），組織心理学の教育への導入を提唱したい。

　そのささやかな試みが拙著『リーダーシップの心理学』（講談社現代新書），『上司のための心理学』『人を育てるカウンセリング・マインド』（生産性出版）である。また共編『エンカウンターで学校を創る』『困難を乗り越える学校』（図書文化）も参照してほしい。

5　快楽原則よりは現実原則志向である ▶▶▶

　子どもが「先生のばか！」と言ったとき「君は先生に腹が立っているのね」と応ずる（快楽原則志向）方法もあるが，教育カウンセ

リングでは「君のその言葉を聞いて，先生はとても悲しい」とこちらの心的事実に対峙させる（現実原則志向）方法をとる。

「ぼくは太郎をいじめていない。ふざけただけだ」と言い張る一郎に「君に悪意はなかったわけだ」と応じず「君はふざけただけだと思っているが，太郎は屈辱を感じているのだ。そういう事実を君はどう思うか」と迫るのが現実原則志向の教育カウンセリングである。そこに心理カウンセリングとの違いがある。

あるとき私の研究室の学生が入社試験に遅刻し，私の知人である社長に詫びの挨拶に伺った。「あの学生は葛藤の多い学生で，あの日も受験したい気持ちと受験を怖がる気持ちが葛藤して……」と私が釈明するのを社長はさえぎって私をこうたしなめた。

「先生，世の中は心理分析して済むものではありません。いかなる理由があろうとも遅刻は遅刻です」。その学生も私も揃って不合格だったということになる。教育カウンセラーにはこの社長に似た考えがある。

自己開示

6　教育カウンセラーは自己開示をためらわない ▶▶▶

伝統的カウンセリングではカウンセラーの自己開示をたしなめ，中立性を要請した。例えば精神分析理論では，分析者が自分の喜怒哀楽を表現するのは対抗感情転移であると考え，治療関係を崩すからという理由で禁止した。それゆえ極端な場合は面接に情愛が感じられない（impersonal）ということがあり得た。

自己理論に基づく来談者中心療法でも，カウンセラーは自己を語

ってはならぬと教えた。例えば「先生はおいくつですか」と年齢を問われると「私が何歳か知りたいわけですね」と応じるのをよしとした。正直に年齢をオープンにするとクライエントの自己表現を妨げることがあるという理由からである。

これに対して教育カウンセラーは自己を開く勇気をもてと提唱する。教師が自己開示すれば「先生はそういう人だったのだ」と子どもが親近感をもつので師弟のリレーションが育つからである。

さらには子どもが教師の自己開示から人生の指針・示唆を得ることがあり，教育的意味があるからである。そして，子どもが教師の自己開示を模倣して，自己開示的になるというメリットもある。これは子ども同士の「こころの絆」と，師弟の「ふれあい」を育てることになる。

以上を要約するとこうなる。

教育カウンセラーは治療者ではない。プロフェッショナル教育者である。その守備範囲は発達課題をめぐる「問題解決」「予防」「開発」である。方法はプログラムの展開を主軸にしたグループアプローチである。支えとする主たる学問はカウンセリング心理学であるが，そのほか学校心理学，キャリア心理学，リハビリテーション心理学，発達心理学，教育学（健康教育，生徒指導，教育方法論），グループ心理学，など複数である。

教育カウンセリングは日本における学校カウンセリング活動の主軸になるべきものである。そして他の類似の教育関係のカウンセリングに対して「競合から協調へ」と呼びかけるものである。

では教育カウンセリングは6つの特色を具体的には「何を」「どのように」「何をねらいとして」展開するのであろうか。それに答えるのが次に続く章である。

特定非営利活動法人 日本教育カウンセラー協会

　教育カウンセリングの考え方や方法を普及し，青少年の健やかな成長と国民の教育・福祉の向上に寄与することを目的に，1999年6月に発足し，2002年12月には，「日本教育カウンセリング学会」を立ち上げた。地方研究会（支部）は39を超え，2009年2月現在約12,000人の会員が教育・福祉関係の各方面で活躍している。

《事業内容》
① カウンセリング・ガイダンスに関する研修会・研究会の開催と支援
② 教育カウンセラー資格認定（初級・中級・上級）
③ ピアヘルパー，教育カウンセラーの養成・認定
④ サポートグループの企画・運営
⑤ 学会研究発表大会の開催協力と発表論文集の発刊

《教育カウンセラー資格》
・初級教育カウンセラー……日常の教育活動に教育カウンセリングの考え方や技術を活用することができる教育者。
・中級教育カウンセラー……学校や職場で，ガイダンス・カウンセリングのリーダーとして活躍できる教育者。
・上級教育カウンセラー……専門性を生かし，研修会等で講師あるいはスーパーバイザーとして他の人の指導にあたることができる教育者。

《認定方法》
　「教育カウンセラー養成講座」を受講して，そこで行われる筆記試験を受験。さらに期間中に認定申請書および自己評価票を提出し，試験結果と総合して審査を受ける。審査にあたっては，それまでのカウンセリング等の実践歴・研修歴・研究歴が特に重視される。

《連絡先》
〒112-0012 東京都文京区大塚 3-2-1　TEL / FAX　03-3941-8049
http : / / www.jeca.gr.jp/　　　mail : jim@jeca.gr.jp

 教育カウンセラーの守備範囲

　カウンセリング関係の資格はいまのところ複数ある。どの資格についても，資格を認定する側とそれを取得する側が自覚しておかねばならないことが2つある。

　1つは，その資格取得者が「できることは何か」「できないことは何か」を心得ていることである。例えばキャリア教育について何の教育・訓練も受けていないのに，それができると売り込むのは職業倫理に反するからである。

　もう1つは，その資格を支えている主たる学問（知識体系と技法体系）は何であるかを自覚していることである。それを自覚していないと，資格を取得した後，何をどのように勉強していけばよいのかがわからないからである。例えば教育カウンセラーという資格を支えているおもな学問はカウンセリング心理学であるのに，この資格を取得した人が臨床心理学に偏向した勉強（例：夢分析，箱庭療法，催眠療法）をするのがそれである。

　さて本章では，教育カウンセラーの守備範囲を示しておきたい。結論からいえば，教育カウンセラーの守備範囲は3領域にわたる。

> **教育カウンセラーの守備範囲**
> ① 子どもの発達課題
> ② 教育者の発達課題
> ③ 学校の発達課題

　ここでいう発達課題とは，個人的にも職業的にも組織としても，だれでもが人生で遭遇・通過する問題という意味である。すなわち病理的な心理（psycho patho logical）は教育カウンセリングの守備範囲ではないということである。教育カウンセリングの守備範囲は心理療法のそれとは異なるのである。

　さて発達課題を上手に乗り越えられなくて問題が生じることがある（例：不登校，暴力，いじめ）。これに対応するのが「問題解決的カウンセリング（remedial counseling）」である。発達課題の通過に手間取らないように（非社会的・反社会的行動の予防）支援するのが「予防的カウンセリング（preventive counseling）」である。さらに発達課題を介して人間成長・キャリア発達・組織開発を促進するのが「教育・開発的カウンセリング（developmental counseling）」である。

　教育カウンセリングは以上3領域での対応方法，「子どもの発達課題」「教育者の発達課題」「学校の発達課題」の総称である。これを通称「育てるカウンセリング」という。

　これとは対照的な「治すカウンセリング」とは臨床カウンセリング（clinical counseling）と心理療法（psychotherapy）である。前者の例は摂食障害や薬物依存，後者の例は神経症，パーソナリティ障害，精神障害である。これらの領域は教育カウンセラーの守備

範囲外である。

　教育カウンセリングの対応領域として上記3つをあげたが，この3つの共通項は「発達課題」である。それゆえ以下に3領域の発達課題を概説しておきたい。

子どもの発達課題

　教育カウンセリングが扱う子どもの発達課題は以下の5つである。

---

(1)　学業　academic development
(2)　進路　career development
(3)　性格・自立　personal development
(4)　社会性・人間関係　social development
(5)　健康　health development

　英語を添えたのは日本では訳語が一定していないので原語を示しておきたかったからである。

(1)　学　業

　これまでの伝統的カウンセリング（精神分析と来談者中心療法）では，情緒面に焦点が偏向していたが，教育カウンセリングは知的領域（学業）のつまずきにも留意している。すなわち，教師と子どものかかわり，子ども同士のかかわり，まとまりのある学級づくりにカウンセリングやエンカウンター（SGE）の発想と手法を導入すれば学業も効果が上がると考えている。これは学力と学級集団の状態とは相関があるという河村茂雄（早稲田大学教授）の研究が示

唆するところである。

　学業をスムーズに通過すれば自己肯定感，自己効力感などポジティブな自己概念が育ち，終生の原動力になる。それゆえ学業は子どもの大事な発達課題である。いっぽう，教育カウンセラーにとって「授業に生かすカウンセリング」は重要なリサーチトピックである。

(2) **進　路**

　進路指導は最近ではキャリア教育の視点でとらえ直されている。学校や職業の選択（selecting）にウエイトをおくと，進路指導は中3や高3だけのものになる。キャリア教育は「人生時間をどう使うか」という人生計画（生き方）の指導である。それゆえこれは幼児から成人に至るまでの人生課題である。ということは教育カウンセリングには人生学の要素が含まれているということになる。したがって教育カウンセラーは「人生指南番」にも似た素養が必要になる。

(3) **性格・自立**

　子どもの発達課題の第3は性格形成である。その骨子は親から心理的に離乳して，自分の人生の主人公は自分であるという自覚をもった自立の人になることである。これをサポートするのが教育カウンセラーの仕事である。どのようにサポートするのか。個別的対応とグループアプローチがある。したがって教育カウンセラーは面接技法だけ学ぶのではなく，グループ体験を通して個が成長する技法（リーダーシップ）も学ぶ必要がある。ここが伝統的な心理カウンセラーとの違いである。

⑷ **社会性・人間関係**

　子どもの発達課題の第4は社会性・人間関係の学習である。大学生対象の用語でいえば「社会人基礎能力」のことである。すなわちコミュニケーション，人間関係，チームワーク，社会常識（例：電話，服装，挨拶）の学習も子どもの発達課題である。教育カウンセラー養成講座の科目に「ソーシャルスキル」「コミュニケーション」が入っているのはそのためである。

　この社会性の育成のためにやがて教育カウンセラーがなじまねばならないのが「異文化間教育または異文化間カウンセリング」と「偏見・差別打破の教育（論理療法）」ではないかと思われる。

⑸ **健　　康**

　子どもの発達課題として最後にあげたいのが健康問題である。朝食抜きの子どもは学業に劣る傾向がある，清涼飲料ばかり飲む子どもは問題行動を起こしやすいなどが話題になるが，これは生活習慣の学習を要する問題であり，教育カウンセリングの取り組むべき発達課題である。

　健康に関する発達課題に対しては性教育という開発的カウンセリングや薬物依存予防という予防的カウンセリング，あるいは友人関係や親子関係に起因する心理的問題（不登校・落ち込みなど）への問題解決的カウンセリングなどがある。また保健室でスモールグループを対象に，簡単なSGEを行うことも考えられる。

　この健康領域での教育カウンセリングはおもに養護教諭の仕事になる。それゆえ，教育カウンセリングに参画する養護教諭が多い。本協会の副会長は全国養護教諭協議会顧問の中村道子である。

教育者の発達課題

　従来のスクールカウンセリングは子どもを対象とするものであった。しかし，教育カウンセリングは教育者仲間にもサービスするものである。教育者には2つの発達課題がある。

(1)　メンタルヘルスの維持・向上
(2)　職業上のスキル向上

1　メンタルヘルスの維持・向上 ▶▶▶

　教育の仕事は対人関係が主軸になる感情労働（肉体労働，知的労働とは対照的に）である。子どもに暴言を吐かれたり（例：くそばばあ呼ばわり），暴力を振るわれたり，拒否されたり（例：授業不成立），保護者から理不尽な要求を受けたり（例：うちの子にモーニングコールをしてほしい）するので，怒りや屈辱の感情をこらえるのに苦労する。つまり感情労働である。その結果，燃えつき，辞職，自殺，自己嫌悪，自信喪失に陥る教師が少なくない。
　こうした心理的苦悩（イルメンタルヘルス）の軽減・予防に策を講ずるのも教育カウンセラーの仕事である。教育カウンセラー自身も教師である。それゆえ自分の問題は自力で解決しつつ，仲間の問題の予防・解決の方法を講ずることになる。スーパー教師である。Teacher of teachers の気概が教育カウンセラーには必要である。
　では何をするのか。教師仲間のメンタルヘルスの維持・向上の役に立つのはサポートグループである。これは仲間が集まってお互い

に「職場で体験したことで仲間に聞いてほしい話，仲間のアドバイスが欲しい話」を語り合う会である。アルコール依存症の自助グループと同じ原理のセルフヘルプグループである。お互いに自己開示し合うことが心の癒しになる。安心して自己開示できる解放感と仲間にわかってもらえたという被受容感が自己肯定感を育てると考えられる。

このようなサポートグループの世話人（グループの外から観察し，必要に応じて介入するリーダー役）を務めるのが教育カウンセラーの仕事である。國分康孝・久子が世話人を務めたときの一場面を紹介する。

A「僕は今日，子どもにいじめられて泣きたい気持ちでここに来ました」
B「どんないじめられ方をしたのですか」
（Aの説明）
C「そのいじめ方は僕が子どものころに担任教師をいじめたのと同じ手口です。当時の担任はA先生と同じように心の中で泣いていたと思います。僕は当時の担任に謝りたいです」
A「今日僕をいじめた子どももC先生と同じように27歳になったとき，今日のことを謝ってくれるのではないかと思ったら急に気持ちが軽くなりました」

教育カウンセラーがこのようなサポートグループを企画運営するにはSGEの体験コースとSGEリーダー養成コースに参加しておくことをすすめたい。それはサポートグループはSGEのセッションの1つ，シェアリングの応用編だからである。この応用編を考案し

たのは國分久子である。

2 職業上のスキル向上 ▶▶▶

　教師の第2の発達課題は職業上のスキル学習である。すなわち授業スキル，カウンセリングスキル，学級経営スキル，対保護者のソーシャルスキル，リーダーシップスキル，コーピングスキル（例：けんかの仲裁），アサーションスキル（例：たしなめる），コミュニケーションスキル（例：報告・連絡・相談）などハウツーの学習。これが教師の発達課題である。教師ならだれでもが遭遇・通過する問題である。

　さて，こういう問題に教育カウンセラーはどう対応するのか。教師が仲間同士でスーパービジョンし合う研修会を企画運営すること，これが教育カウンセラーの守備範囲になる。

　仲間同士がグループで行うスーパービジョンを peer group supervision という。これに SGE のシェアリングを導入したのが片野智治らの開発した「シェアリング方式スーパービジョン」である。教育カウンセラーが仲間集団に普及定着させてほしい方法である。

　シェアリング方式とは「ああせよ，こうせよ方式」ではなく「私はこうした，こう考えた，こう感じたと自己開示する方式」という意味である。

　スーパービジョンとは対応の仕方（スキル）について自分の見落としているところを第三者に指摘してもらうという意味である。カウンセリングと似ているが，パーソナリティにふれるカウンセリングとは違って，スキルに焦点を合わせた指導である。

　さて伝統的なスーパービジョンではスーパーバイザーとスーパーバイジーの1対1の会話方式が標準型である。いわば個別指導であ

る。教育カウンセラーの行う方法は，メンバーが自己開示し合うわけであるから，自分の弱点を仲間に論評されたという不快感が残らない。スーパービジョンを受けなくても，受けている人を見ているだけで自分がスーパービジョンを受けたかのごとき気づきが生じる。したがって１対１の面接方式よりも効率的である。

　以上を要約すると，教育カウンセラーの守備範囲には教師仲間へのサービスも含まれるということである。そのサービスの内訳は「サポートグループ」によるメンタルヘルスの維持・向上，「シェアリング方式スーパービジョン」による各種のスキルアップである。

学校の発達課題

　教育カウンセラーの守備範囲として３番目にあげておきたいのが学校の発達課題である。

　カウンセリング心理学の観点からすると，どの学校でも遭遇し対処していくべき課題が７つある。

(1)　役割関係（報・連・相のルール）
(2)　感情交流（防衛機制緩和）
(3)　コミュニケーション（範囲とスピード）
(4)　集団の規範（校風）
(5)　サブグループ間の関係
(6)　インフォーマルリーダーへの対応
(7)　人材育成（教職員の研修・研究）

　以上７つの発達課題に学校構成員が取り組めるようにコーディネ

ートする仕事も教育カウンセラーの守備範囲に入るのである。1つずつ概説する。

(1) **役割関係**

学校は組織である。組織とは役割の束である。役割の束の良否は組織の目標達成のために有効かどうかが判断基準である。有効かどうかは機能と構造をみることである。

機能とは「報告・連絡・相談（俗にホーレンソーという）」がスムーズに行われているかどうかという意味である。

構造とは「船頭多くして，船山に登る」ような無駄な非効率な役割はないか（役割の組合せ）という意味である。ある事件で学校がマスコミに対応するとき，窓口（対応する役割）を1つに絞るのがその例である。

教育カウンセラーは組織としての学校を機能と構造から観察し，改善策を校長に提言するのも仕事である。

(2) **感情交流**

教職員間に私的会話があるかどうかは組織をまとめ動かすときに大事な条件である。それゆえアメリカ人の職場では午前と午後にそれぞれ15分ずつのコーヒーブレイク（私的会話の時間）を設けている。教職員が「自己開示」と「被受容感」を味わえるようにする策を講ずるのも教育カウンセラーの仕事である（例：教職員のSGE，サポートグループ）。

(3) **コミュニケーション**

教職員が同じ情報（事実，感情，思考）を共有しているほうが組

織はまとまりやすい。例えばある情報が1つのサブグループにとどまっているが，全員が共有すべきだと判断したら校長に具申するのも教育カウンセラーの仕事である。

(4) 集団の規範（校風）

　服装や言葉遣いを統制するのは集団の規範を守らせるという意味である。これは学校文化（風土）をつくりたいからである。学校文化を子どもが摂取して行動の指針（超自我）にしてほしいからである。ところが規範に抵抗する子どもがいる。逆に規範に従順すぎて（過剰適応）優等生のくたびれ型になる子どももいる。それゆえ，教育カウンセラーとしては学校のしつけ教育（規範教育）の効果・結果を観察し，必要なら問題点を校長に進言したり，教職員会議の話題にのせるなどの仕事がある。

(5) サブグループ間の関係

　ある子どもの処罰をめぐって，「厳罰組」と「まあまあ主義」の2派に分かれてしこりが残ることがある。あるいは保護者と学校，学年会同士，管理グループと非管理組の不和。こういうサブグループ間のメディエーション（仲裁・調停の仕事）がカウンセラーの新しい仕事（日本では特に産業カウンセリング分野で）になりつつある。教育カウンセラーにもこの分野の先駆者になってほしい。そのためには苦情対応のスキルが必要となる。

(6) インフォーマルリーダーへの対応

　組織上は何の権限も責任もない人間が，グループをとり仕切ることがある。俗にいう「ボス」である。その定義は「人の言動に影響

を与える能力を有する人」となる。子どもの場合でも成人の場合でも，対応が不適切だと学級や組織が機能不全となる。そこで教育カウンセラーは学級担任や校長のコンサルタント役を務めるのが仕事となる。精神分析理論，交流分析が役に立つのではないかと思われるが，いまのところ名案・定説はない。

(7) **人材育成**

　大学ではFD（Faculty Development）といって，教員の教育力アップのプログラム展開がいま注目されている。同じことが小・中・高校ではすでに行われてきた。この実績のなかに，教育カウンセリングのプログラムを導入することを提唱したい。教育カウンセラーは研修担当教員のコンサルタントを務めることになる。

　以上を要約するとこうなる。教育カウンセラーの守備範囲には，子どもの発達課題が5つ，教師の発達課題が2つ，学校の発達課題が7つ，合計14の課題があるということである。
　1人で14の課題への対応能力をもたねばならないというわけではない。退職校長の教育カウンセラーなら学校の発達課題についてのコンサルタント役が得意であろうし，現職の中・上級教育カウンセラーなら教師仲間の発達課題対応のコーディネーターや世話人が務められよう。現職の初級教育カウンセラーなら子どもの発達課題に毎日取り組むであろう。1つの学校に複数の教育カウンセラーがいるとチームワークが組めるから効率的で効果的であろう。
　要は教育カウンセラーの守るべき砦は，上記14の課題領域である。教育カウンセラーの資格を取得するとは，砦の防人になるということである。

第4章 カウンセリング心理学

　カウンセリング分野での資格を取得した人は，
(1)　自分の資格がカバーする仕事の領域は何か（守備範囲）
(2)　自分の取得した資格を支えている学問は何か（仕事をするのに必要な知識体系と技法体系）
を自覚しておかねばならないと前章で述べた。
　さて本章では，
「**教育カウンセラーという資格を支えている主たる学問は，カウンセリング心理学である**」
といいたい。カウンセリング心理学だけでは不足する部分については，本章の末尾でふれることにする。
　発達課題を実践の対象課題にする教育カウンセリングでは，発達課題を研究対象にするカウンセリング心理学を支えにして，実践の方法を工夫開発することになる。すなわちカウンセリングとは実践活動のことであり，カウンセリング心理学とは実践活動を対象にした研究活動および研究結果の集積のことである。教育カウンセラーは実践者（practitioner）でありつつ，自分の実践を工夫検討（研究）するので研究者（scientist）でもある。それゆえ，教育カウン

セラーの努力目標は practitioner-scientist（研究能力のある実践家の意）をめざすことになる。

ここでいう研究とは次の３つの作業のことである。

---

(1) 事実の発見（例：学級崩壊は，なれ合いムードの教師と権威主義的な教師のクラスに生じやすい。）

(2) 事象の説明（例：えこひいきがよくないのはシブリング・ライバルリィを刺激するからである。）

(3) 行動変容の方法の開発（例：友人づくりを促進する方法としてSGEプログラムを開発する。）

このような研究をすすめるときに役に立つ知識・技法体系がカウンセリング心理学である。このカウンセリング心理学とは以下に列挙する各論の総称である。

1　カウンセリング理論
2　カウンセリングスキル
3　心理テスト
4　キャリア理論
5　社会・文化的アプローチ
6　思想・哲学
7　職業倫理
8　研究法（リサーチメソッド）

それぞれの骨子を説明する。その心は「思いて学ばざれば，則ち危うし」である。詳しくは他著を参考にしていただきたい。

カウンセリング心理学，8つの各論

1 カウンセリング理論 ▶▶▶

　理論とは概念の束（constellation of concepts）である。いまのところ主要なカウンセリング理論は8つあり，それぞれが複数の概念から成り立っている。例えばロジャーズの自己理論なら，

---

(1)　個体（organism）
(2)　自己（self）
(3)　自己概念（self-concept）
(4)　自己一致（self-congruence）
(5)　共感的理解（empathic understanding）
(6)　受容（acceptance）
(7)　無条件の好意の念（unconditional positive regard）
(8)　非審判的・許容的雰囲気（non-judgemental & permissive atmosphere）

というキーコンセプトから構成されている。
　ほかの理論もこれと同じようにいくつものキーコンセプトから成り立っている。これらの理論および概念を覚えたほうがよい理由は3つある。
①　理論や概念を知っていると，未経験の事象に対しても「たぶんこうではなかろうか」と読み取ることができる。（例：けんか腰でものを言ってくる子どもに対して「ひょっとして父（母）への

怒りをこちらに向けているのではないか（感情転移）」と見立てができる。その結果，この子の父〈母〉とは違う対応をしたほうがよいのでは……との対策も立てられる。）

② 理論や概念を知っていると，「こうしたらこうなるはずだ」と先を推論できるので，立ち往生しないですむ。（例：目立たない子どもには紙を配布・回収する仕事を与えたら，みんなに認められた感じがするので，クラスにもとけ込むようになるのでは……〈承認への欲〉と自分の指導法を工夫できる。）

③ 理論や概念を知っていると「たぶん，こういうことがいえるのではないか」と仮説が立てられるので，リサーチトピック（研究課題）を発見できる。

2　カウンセリングスキル ▶▶▶

スキルとは目標達成（例：リレーションをつくる）の役に立つ教師の側の反応のことである。さて，このスキルに2種類ある。

---

(1)　個別指導のスキル
　［各論］
　① 相手との間にリレーションをつくるスキル
　② 何が問題かをつかむスキル（アセスメント）
　③ どう対処すべきかの作戦（ストラテジー）を立てるスキル
　④ この作戦を展開するスキル（インターベンション）
　　例えば質問技法，情報提供，受容，対決など

このスキルの学習は「座学（講義）→ロールプレイ→スーパービジョン」の順で学習するのが標準コースである。

> (2) グループを扱うスキル（いわゆるグループアプローチのスキル）
> ［各論］
> ① SGE（構成的グループエンカウンター）のスキル
> ② キャリアガイダンス（キャリア教育のプログラムを展開するスキル）
> ③ グループワークのスキル（例：学級活動，運動会，保護者会）
> ④ グループカウンセリングのスキル
> ⑤ グループラーニング（例：読書会，自主ゼミ）
> ⑥ サポートグループ
> ⑦ グループスーパービジョン

ところで個別指導よりグループ指導のほうが技法的にはむずかしい。同時に複数の感情交流をマネージしなければならないからだ。

3　心理テスト ▶▶▶

教育カウンセラーの仕事は，下記のような一連の流れである。
(1) 相手（個人，グループ）はいまどんな状態かを読み取る〔アセスメント〕
(2) どう対応すべきかを考える〔ストラテジー〕
(3) 実際に活動を起こす〔インターベンション〕
(4) その効果のほどを確かめる〔アセスメント〕

ここで(1)と(4)のアセスメントのときに心理テストが役に立つ。アセスメントするには，

- 「休み時間もおとなしいなぁ。仲間同士のリレーションがついていないのかなあ」とアセスメントする方法（観察法）
- 子どもと雑談などをして子どもの状況を知る方法（面接法）

があるが，このような主観の入らない方法として，

- 測定法（心理テスト）

の活用が考えられる。いっけん目立たない子どもでも，心理テストで数量化すると能力も性格も抜群ということがあるからである。そしてその逆も真ということがあるからである。

そこで教育カウンセラーは心理テストについて最低限の知識を学習しておく必要がある。それは以下の諸事項・諸概念を常識化してはどうかという提言である。

(1) 標準化（standardization）：心理テストの客観性を高めるために人為的操作を加えること

(2) 標準偏差値（standardized score）：すべてのテスト得点の平均値を50に換算した数値のこと。国語は人並より上だが数学は人並より下といった具合にテスト間の比較がしやすい。

(3) 信頼度（reliability）：テスト得点のゆれの度合いのこと

(4) 妥当性（validity）：測定したいことが測定できるように質問項目が構成されていること

(5) 標準集団（norm group）：平均値は同じでも，その平均値をはじいた集団（これを標準集団という）の質によって平均値の意味が違う。

(6) テスト得点の解釈の仕方と伝え方：子どもの行動変容の役に立つようにカウンセリング的な会話をすること

以上は言葉の意味を説明したにすぎない。それぞれについての詳論がある。拙著『カウンセリングの理論』（誠信書房）の特性・因子理論の章を参照。

4　キャリア理論 ▶▶▶

　職業指導（vocational guidance）はメンタルヘルス運動，心理測定運動と共に，今日のカウンセリングの母体である。それゆえカウンセリングの分野ではキャリア理論は必須科目である。職業指導（学校では進路指導と称していた）は職業進路の選択の仕方にウエイトをおいていたが，今日注目されているキャリア教育は生き方の教育である。しかし，職業指導でもキャリア教育でも支えになる学問はキャリア理論である。

　主要なキャリア理論は複数ある。その骨子は

---

(1)　人生コースの選択（selecting）

(2)　選択したコースでの適応（adjusting）

(3)　選択したコースを通しての人間成長（developing）

の3トピックのいずれかにウエイトをおいた説明原理である。

　次に列挙する人物の理論を知っておくことをすすめたい。

- フランク・パーソンズ（自分の興味・能力にフィットした仕事を選べという組合せ理論）
- ドナルド・スーパー（仕事を通して人は成長するという理論）
- ロバート・クルンボルツ（人生は偶然で決まるが，ふだんからある意図を秘めていないとその偶然はつかめないという理論）
- E.H. シャイン（一貫した価値観・願望がないと「つまみ食い」

の人生になるとの説)

キャリア理論については下記の参照をすすめる。
- 仙﨑武ほか編『キャリア教育の系譜と展開』(雇用問題研究会)
- 木村周著『キャリア・カウンセリング』(雇用問題研究会)

5　社会・文化的アプローチ ▶▶▶

　これまでのカウンセリング理論は個人心理学が基調になっていた。しかし、人間の行動は個人の生い立ちだけで決まるものではない。社会・文化の影響も受けているので、その観点から人の行動を読み取らないと、アセスメントやストラテジーや介入の判断を誤ることがある。

　例をあげよう。私がアメリカで学んでいたとき、生活保護を受けているクライエントに面接料を請求するのが気の毒に思われ、無料にしたいと思った。ところが私のスーパーバイザーはこうたしなめた。「アメリカ人は無料にしてもらっても喜ばない。むしろ屈辱的に思う。それゆえ、形だけでも支払ってもらえ。バスの片道料金が25セントだから、そのくらいなら払えるだろう」。(当時は普通の市民の面接料は1回5ドルくらいであった。)

　こういうわけで、人の苦悩・心の痛みは社会(グループ)・文化(生活様式)に由来することが少なくない。特に今日のように人口の移動が激しくなると、異なるグループ、異なる文化に属する人間が共存するために、相互のグループ・文化を理解し、個と集団・個と文化の関係も考慮する必要がある。

　例えば特定の個人に働きかけなくても、集団の規範を育てれば(例:ふれあいのあるキャンパス)、それぞれの個はこの規範を摂取して個の変容を起こすことが大いにあり得る。また異なる文化にふ

れて（例：自己主張の文化，罪の文化）個の行動変容が生じること
もあり得る。私自身はアメリカ文化にふれてイエス・ノーがはっき
り言えるようになったのも1つの例である。

　エーリッヒ・フロムによれば，「フロイドよりマルクスのほうが
偉い」と。フロイドは「家庭生活が性格を形成する」と言ったが，
家庭生活（例：厳格な父）を決めるのは文化である。家庭生活は支
店のようなもので，支店に影響を及ぼすのは本店，つまり文化であ
る。支店を扱ったフロイドより本店を扱ったマルクスのほうが偉い
というのである。

　これを受けて教育カウンセラーも「学級・学校という支店」の研
究だけに終始せず，文明評論家の心境で文化の解明（例：ジェンダ
ー論，子ども中心主義）にもある程度の関心と素養をもったほうが
よい。これがカウンセリングにおける社会・文化的アプローチの思
想である。このアプローチに関する著者として，
- エーリッヒ・フロム（例：『自由からの逃走』東京創元社）
- A.S. ニイル（例：『問題の教師』黎明書房）
- ルース・ベネディクト（例：『菊と刀』講談社）
- 中根千枝（例：『タテ社会の人間関係』講談社）
- 土居健郎（例：『「甘え」の構造』弘文堂）

をあげておきたい。

6　思想・哲学 ▶▶▶

　子どもを教育するとき，実証科学に立つカウンセリングだけでは
対応できないことがある。いまはエビデンス・ベースト・カウンセ
リング（evidence-based counseling）といって，学会では「実証
性のない思い込みのカウンセリングではだめだ」という風潮が強

い。しかし，実際のカウンセリングでは実証性の乏しい主観的な判断を必要とすることがある。すなわち，教師が自分の思想・哲学を語らねばならない場面がある。

灰谷健次郎『兎の眼』（理論社）のなかで，登場人物の足立先生は生徒に語る。「ぼくの兄ちゃんは泥棒をして警察につかまった。しかしそのおかげでぼくは食にありつけた。ぼくは兄ちゃんの命を食べて生き残った。君たちも知らぬ間に，人の命を食べて生きているんだ」と。「人の命を食べてぼくらは生きている」というのは，足立先生の思想表明である。解釈である。実証的事実ではない。

私も少年刑務所でカウンセラーをしているときこんな経験をした。ある殺人犯が「私は死刑ではない。生きているのがつらい」と訴えた。私はこう答えた。「あなたが死刑ではないということは，2人分生きてから死ねという意味だ。あなたは死ぬ瞬間まで2人分生きなさい。それが出所して社会生活を始める意味なんだ」と。これは私の主観表明にすぎないが，その結果このクライエントの自己懲罰的症状は消失した。

こういうわけでアメリカの大学院博士課程では，哲学の科目のいくつかを履修させている。私の経験では最低でも次の学派にふれておくことをすすめたい。

- Idealism（観念論）
- Naturalism（自然主義）
- Pragmatism（プラグマティズム）
- Existentialism（実存主義）
- Logical Positivism（論理実証主義）

これらのそれぞれを存在論，認識論，価値論の3つのフレームで学ぶことである。西洋哲学が肌に合わないなら，儒教，道教，仏教

などをすすめたい。要するに実証科学を超える世界になじみをもつことである。

　これは実践家としてだけでなく，研究者としても必要である。どの哲学に立つかによって研究方法も違ってくるからである。例えば，プラグマティズムに立つ人は統計処理を要する研究方法をとるであろうが，実存主義の人は文章表現を主とする研究方法をとることが多い。

7　職業倫理 ▶▶▶

　職業倫理とは専門的職業（プロフェッショナル）に従事する人の行動上のルールのことである。そのルールの骨子は「悪意がなくても相手方の幸福になる権利を奪うことがあるから注意せよ」ということである。

　「汝(なんじ)盗む勿(なか)れ」「汝殺す勿れ」というのは人間としてのルールであり，これを道徳という。道徳的に立派な人でも職業上のルール違反をすることがありうる。

　道徳律と異なり職業倫理は時代・文化・資格認定機関によって変動がある。例えば，フロイドの時代は，「クライエントの語ったことは，火あぶりの刑を受けても他言してはならぬ」という掟があった。しかし周知のように今日では「虐待・自殺・他殺」のおそれがあるときは，関係機関に通報するのが職業倫理になっている。それゆえ職業倫理は折にふれ，時代・文化からみて妥当かどうか検討する必要がある。

　教育カウンセラーの職業倫理（日本教育カウンセラー協会）はアメリカのスクールカウンセラー協会（ASCA）のそれを参照した。その後，いくつかの出来事に伴い細則を加えて今日に至っている。

教育カウンセラーの職業倫理で特筆しておきたいことがいくつかある。

(1) **できないことを引き受けるな**

第1は「できないことを引き受けるな」である。例えば教育カウンセラーの資格は個人開業の資格ではないのでこの資格を用いて「心理療法」を行うのは好ましくない。

(2) **子どもや保護者との心理的距離を意識せよ**

第2は子どもや保護者との心理的距離の保ち方を意識することである。職務上の会話は組織の機能の一部分であるから、純粋な個人の会話とは異なるところがある。

例えばある教師がある非行生徒に「君は停学にはならない」と告げた。しかし会議では「停学」と決まった。生徒は学校にクレームをつけた。曰く「○○先生は停学にならないと言ったのに」と。すなわち教師の自己開示にも職業倫理が及ぶことがある。

(3) **仲間の功績を借用しない**

第3は教師間のルールである。仲間の成功体験を自分の体験のように語る、仲間の開発した方法や概念を無引用で借用するといった類のことである。悪意はなくても起こりうることである。

職業倫理にはその他まだいくつも事項があるが、拙著『カウンセリングの原理』(誠信書房)を参照していただきたい。

8 研究法 ▶▶▶

カウンセリング心理学は研究法を核にしている。「ガイダンスとカウンセリング」といわれた時代から「カウンセリング心理学」と改称される時代に移行したきっかけは、「リサーチのできるカウンセラーを育成しよう。それができないと臨床心理学者と同格のプロ

フェッショナルとはいえない」という風潮が高まったことである。アメリカでは1955年ごろから1960年代にかけてのことである。

　教育カウンセラーも実践家としてだけでなく研究者としての素養も身につけようという趣旨で，教育カウンセラー協会（実践家の育成と認定）のほかに教育カウンセリング学会を設立したのである。

　では教育カウンセリングのリサーチ（研究）とはどんなことか。おもなトピックスを列挙する。

(1) 実態調査（例：いじめられ体験のある子どもは何％くらいいるか。）

(2) 相関関係の調査（例：時間経過と学級の凝集性は相関関係 correlation があるか。）

(3) 関係性の調査（例：教育カウンセラーの資格の有無と担当教科との間に関係性 association はあるか。）

(4) プロセスの調査（例：どういう経過をたどって不登校が解消していくか。）

(5) 効果の調査（例：SGE の導入は子どもの自己肯定感を増加させるか。）

(6) プログラム開発（例：進路意識を高めるにはどのようなプログラムが効果的か。）

(7) 仮説の発見（例：SGE 実施の失敗例を事例研究して，SGE の成果をあげるための条件を仮説として提示する。）

(8) 新しい概念・フレームの提示（例：SGE における抵抗を分類し命名する。）

(9) 理論化（例：教育カウンセリングの諸概念を１つの全体像 constellation にまとめる。）

以上のようなリサーチを行うには，まずリサーチデザイン（研究計画書）をつくるのが定石であるが，それなしに対応を工夫するうちに，ある概念・方法・技法・プログラムを発見・開発することもある。これをアクションリサーチといい，教育者の多くが日常で行っている。これを行わなくなったときのことをマンネリズムという。
　さて事例研究やアクションリサーチを除いては，いずれのリサーチも尺度で測定し数量的に分析することが多いので，その手順・技法にも教育カウンセラーはなじんでおくとよい。

　以上で教育カウンセリングを支える主たる学問としてのカウンセリング心理学を概説した。しかし時代はこのカウンセリング心理学だけではカバーできない問題を提示している。それゆえ教育カウンセラーの学習領域は拡大せざるを得なくなっている。
　1つは特別支援教育である。これについては心身障害学あるいはリハビリテーション心理学に示唆を仰ぐことになる。
　もう1つは虐待を含む家庭の問題である。これについてはソーシャルワーク（社会福祉学）に参画してもらうことになる。
　さらに「授業に生かすカウンセリング」が注目される時代が予想されるので，教育学の中の教科教育法についても知識が必要となる。

第5章 教育カウンセリングの原理と方法と技法

　以上第1章から第4章までを，原理・方法・技法の3つの枠で整理し，教育カウンセリングの全体像をコンパクトに示すのが本章のねらいである。

教育カウンセリングの原理

　「原理」とは「基本的枠組」という意味である。この枠組に納まらないものは教育カウンセリングとはいえないという含みのある概念である。教育カウンセリングの基本的枠組は4つある。対象・目的・方法・理論である。

1　教育カウンセリングの対象 ▶▶▶

　教育カウンセリングの対象は，個人・グループ・家庭・組織（学校）・地域である。
- 個人──すべての子どもを指す。問題をかかえた一部の子どもだけではない。
- グループ──学級や班やサークル・部活などを意味している。

- 家庭——家庭訪問や保護者面談レベルの意味である（家族カウンセリングほどに踏み込んだ活動ではないという意味である）。
- 組織——学校マネジメントのイメージである。
- 地域——児童相談所，教育相談所，警察，施設，地域ボランティア団体などとの連携を意味している。

こういうわけで教育カウンセリングは，個室内での特定個人対象の身の上相談とはイメージの異なる教育活動である。

2　教育カウンセリングの目的 ▶▶▶

教育カウンセリングの目的は，子どもが発達課題を解決しつつ成長するのを援助することである。すなわち「治す（therapy）」ではなく「育てる（develop）」を目的にしている。

この目的を達成するための下位目標が3つある。

① 問題解決（例：不登校，いじめ，学業不振）
② 問題行動の予防（例：性教育，新入生ガイダンス，非行予防ガイダンス）
③ 教育・開発（例：キャリア教育，こころの教育，友人づくり）

以上3つの目標をめざすカウンセリングを，「育てるカウンセリング」といい，これが教育カウンセリングの実体となっている。

この目的・目標に納まらないのが心理療法（目的は，神経症・人格障害・精神障害の治療）と臨床カウンセリング（clinical counseling）（例：摂食障害，薬物依存，ストレス性心的外傷の治療）である。これらはいまのところ教育カウンセリングには含まれていない。

3　教育カウンセリングの方法 ▶▶▶

上記の目的・目標を達成する方法として，個別対応とグループア

プローチとメディア方式（ビデオ，印刷物）の3方法がある。

(1) 個別対応

個別面接といわず個別対応としたのは，面接療法志向の面接（例：来談者中心療法，精神分析的心理療法，行動療法）ではなく，不定期の面談，偶然の廊下での立ち話，家庭訪問時の雑談，宿題を友人に届けさせるなどをイメージしているからである。心理療法家や心理カウンセラーの方法と，教育者のそれとは異なるところがある。

(2) グループアプローチ

グループアプローチとはグループ対象にプログラムを展開する，授業型カウンセリングのことである。ガイダンス，ワークショップ方式（例：SGE〈構成的グループエンカウンター〉，サポートグループ）がその例である。

(3) メディア方式

メディア方式とは学級通信や文集や推薦図書などの印刷物や，ビデオ・動画などの映像を用いて，子どもの思考・感情・行動に働きかける方法である。

4　教育カウンセリングの理論──折衷主義 ▶▶▶

教育カウンセリングの理論の主たるものはカウンセリング心理学であり，それの不足を補うものが心身障害学またはリハビリテーション心理学，ソーシャルワーク，教育学，組織心理学であると前述した。さて，ここで登場する原理が折衷主義である。

折衷主義とは，特定の学派あるいは理論に偏向しない主義という意味である。アイビイの表現を借用すると「状況に応じた対応（which treatment to which individuals under what condition）」の提唱である。すべての子ども・保護者・教育者を対象とする教育

カウンセリングは多様な問題（例：学業，進路・生き方，性格形成，人間関係，健康など）に対応するので，さまざまな理論・方法・技法を駆使できる必要がある。

すなわち，いまのところ非行にも引きこもりにもキャリア教育にも使えるオールマイティの理論はない。それゆえ，ロジャーズ方式で対応したほうが適切なこともあるが，行動理論で「ああせよ，こうせよ」と課題を出したほうが効果的なこともある。あるいは心の中に踏み込まず，環境調整をしたほうが即効性のある場合もある。

したがって教育カウンセラー養成講座では，複数の理論，複数のアプローチにふれられるようにカリキュラムを構成している。

教育カウンセリングの方法

方法とは「問題に対応する計画立案」のことである。例えば，中退者を防ぐために欠席の多い子どもに個別対応をとる方法もあるが，今回はSGEでふれあいのある学級づくりをしよう，といった作戦（treatment plan）のことである。カウンセリング用語でいえば，ストラテジー（方略とか戦略と訳されている）のことである。

抽象的にいえば，教育カウンセリングの方法は個別対応，グループアプローチ，メディア方式に3分類されると前述したが，具体的には以下のように列挙できる。

(1) 個別対応
(2) SGE（構成的グループエンカウンター）
(3) キャリア教育
(4) サイコエジュケーション

> (5) 対話のある授業
> (6) 学級経営
> (7) サポートグループ
> (8) シェアリング方式スーパービジョン
> (9) チーム支援（コーディネーション，コラボレーション，コンサルテーション）
> (10) リーダーシップ（グループワーク）
> (11) 学校経営（マネジメント）

　教育カウンセラーとは，上記の方法を駆使できる教育者のことである。すなわち認定された教育の専門家 certified professional educator とはそのことである。

教育カウンセリングの技法

　教育カウンセリングの技法とは，目標達成の役に立つ（useful）教育カウンセラーの反応の仕方のことで，方法（ストラテジー）の下位概念であり，インターベンション（介入）の仕方のことである。
　例えば，個別対応の技法としては，

> (1)かかわり行動　(2)受容　(3)繰り返し　(4)明確化　(5)支持　(6)質問（閉ざされた質問，開かれた質問）　(7)作業同盟　(8)解釈　(9)課題法　(10)強化法　(11)消去法　(12)嫌悪法（ペナルティ）　(13)リフレーミング　(14)自己開示　(15)対決　(16)情報提供　(17)助言・教示・手ほどき技法　(18)焦点の当て方　(19)役割交換法　(20)論駁法　(21)イメージ法　(22)スケーリングクエスチョン　(23)ミ

ラクルクエスチョン　⑭シェーピング　㉕モデリング

などがある。教育カウンセラーは自分の仕事の役に立つスキルを学ぶことである。最低限(1)(2)(3)(4)(5)(6)の技法にはなじんでほしい（拙著『カウンセリングの技法』誠信書房，1979，参照）。

　個別対応の技法のほかに，グループアプローチの技法も駆使できるのが教育カウンセラーの特色である。前節でグループアプローチの方法を10種類列挙したが，それぞれの方法を展開するためのスキルの各論がそれぞれある。

　例えばSGE（構成的グループエンカウンター）という方法には，

(1)　インストラクション
(2)　デモンストレーション（モデリング）
(3)　エクササイズの展開法
(4)　介　入
(5)　シェアリング

の5つの技法がある。

　サイコエジュケーションには，

○自己開示法　○対話法　○役割交換法　○課題法　○イメージ法　○モデリング法　○デモンストレーション　○共同作業　○音楽療法的作業　○遊び・ユーモア・作詩法

などがある。

　キャリア教育には，

> ○自己理解　○仕事理解（例：見学, インターンシップ）
> ○自己肯定感　○将来計画（時間の流れの中でいまを考える）
> ○人生事象への意味づけ（例：就職・失業・転職などをどう受けとめるか）　○社会人基礎能力　○キャリアを通しての人間成長　○人生コースの選択

などのキーコンセプトがある。教育カウンセラーは，これらのキーコンセプトをどのようにして理解させるかという指導技法を，これから開発する必要がある。いまのところ，SGEを生かしたキャリア教育のプログラムを片野智治らが開発し，日本教育カウンセラー協会主催のワークショップが開かれるほどになっている。

　対話のある授業とは，児童生徒同士，児童生徒と教師の間にシェアリングのある授業という意味である。授業にシェアリングを求めるのは相互の自己開示を通して，教科教育の目標が達成しやすくなるからである。人の自己開示にふれることで，自分の理解や受け取り方や意欲に変容が生じるからである。授業のどの場面でどのようにシェアリングを導入するかの技法開発が，目下の教育カウンセラーの課題である。（この課題に挑戦すべく，教育カウンセラーたちの分担執筆で『SGEを生かした授業』『SGEを生かした外国語教育』を目下編集中である。［図書文化社から平成22年夏刊行予定］）

　学級経営については河村茂雄の開発した「Q-U」尺度で学級の現状を調査し，対策を立てる方法が全国に普及している。「アセスメントはQ-Uで，対策はSGEやグループワークで」というのが，いまのところ教育カウンセラーの学級経営のパターンになっている。

　学級経営の骨子は

(1) 目標を設定し，
(2) この目標達成に近づくように学級を動かし，
(3) 協力して動くために学級のまとまり（凝集性）を高め，
(4) その途中で脱落者が出ないよう一人一人をケアする

という4つの作業をすることである。

それゆえスキルの各論としては，アセスメントのスキルのほかに，

○目標設定のスキル
○グループをまとめるスキル
○グループを動かすスキル
○一人一人をケアするスキル

を教育カウンセラーは開発し，仲間で共有する必要がある。それが各支部での学習会であり，年次研究大会である。

サポートグループとは，教師のメンタルヘルスを保持増進させるためのシェアリングの会のことである。SGEのエクササイズのひとつ「全体シェアリング」の効果に示唆を得て，國分久子らが提唱した方法である。児童生徒用のピアサポートの大人版である。

このサポートグループに必要なスキルとは，

○知らない者同士のメンバーが自己開示しやすくなるようなリレーションづくりのスキル
○途中で必要に応じて介入するスキル

の2つで，これはSGEリーダーの体験者ならこなせるスキルである。教育カウンセリングは児童生徒への援助法だけでなく，仲間の教師にもサービスする方法と技法を有しているのが特色である。

　シェアリング方式スーパービジョンとは，仲間同士で教育指導のスキルの未熟なところ，気づかなかった点を教え合う方法である。片野智治らが開発し，日本教育カウンセラー協会主催でワークショップを行っている。アメリカでは peer group supervision と称している。日本ではSGEのシェアリングの要素をとり入れているのが特色である。

　すなわち参加メンバーが話題提供者（スーパーバイジー）に教えるのではなく（解釈，説明，教示，助言ではなく），「私はこうしている」「私もそう思ったことがある」「私はあなたの対処法に感心した」など自己開示するのが主流で，それを総合して，リーダーがスーパーバイジーと対話し，コメント（自己盲点の指摘，助言，私的感想など）する。そして最後に，メンバーがこのスーパービジョンに参加して，感じたこと気づいたことを語り合って，終結にする。これが標準型である。

チーム支援 ▶▶▶

　これは1人の教師がすべてを背負って孤軍奮闘しない方式である。ある状況・問題に対して，複数の人間が役割を分担してチームで対応する方法である。

　この場合のスキルとして必要なのは，複数の人間が1つの目標に向けて作業しやすいように連絡調整するスキルである。すなわち「コーディネートするスキル」である。また越権行為をしないよう（チームの和を乱さないよう）「折り合いをつけるスキル」すなわち

「コラボレーションのスキル」も必要である。

さらにはひとりよがりの判断をしないために，担任の意見を聞く，教頭の指示を仰ぐなど，仲間同士で知恵を出し合うスキル，つまりコンサルテーションのスキルが必要である。コンサルテーションはカウンセリングと違い，相手の性格や私的世界に踏みこまないのが特長である。役割（してもよいこと，しなくてはならぬこと）をめぐる情報交換と助言が主になる。つまり意図的，公式的な報告・連絡・相談（ホーレンソー）のことである。

個室での個人面接を主とする心理カウンセラーと異なり，教育カウンセラーは特に組織人としての自覚が求められ，チーム支援のスキルは学習するに値するものである。

リーダーシップ ▶▶▶

教育カウンセリングはグループ・アプローチが特色のひとつである。学級経営，授業，特別活動，各種ガイダンス，保護者会，各種会議の連続である。それゆえ，

---

① グループをまとめ
② グループを動かし
③ 一人一人をケアする

という3つの仕事を同時にこなす能力，すなわちリーダーシップのスキルが不可欠である。面接（1対1の会話）しかできないのは教育カウンセラーとは言いがたい。

日本教育カウンセラー協会では，上級教育カウンセラーを認定する際には，リーダーシップの能力の有無を問うている。いまのとこ

ろ「SGEを展開できるかどうか」でリーダーシップ能力を評価している。経験知ではあるが，SGEになじむにつれリーダーシップが向上し，学級を立て直せた例が少なくない。

学校経営 ▶▶▶

教育カウンセリングは，「学校全体が変わると学級も変わり，個々の児童生徒も変わってくる」との前提をもっている。教育カウンセラーには元教育長，元校長，現校長，現指導主事の方々が少なくないが，この方々から私が教えられたのが，「学校組織に組み入れられたカウンセリングでないと，学校の役には立たない」ということであった。すなわち，学校の一隅を借用して「個人開業」のようなカウンセリングルームを開設しても，学校変革にはあまり有効ではないということである。

では教育カウンセラーは学校変革にどのように役立つのか。以下の3つが考えられる。

(1) 課題の提示

子ども，保護者，教職員の「満たされざる欲求（unmet needs）」を読み取って（アセスメント）校長に具申することによって，①学校の目標設定，②集団の凝集性，および③個々のメンバーへのケアという学校マネジメントの一局面に貢献できる。

「満たされざる欲求」を発見するとは，解決を要する課題（例：中退者が多い，役割間のコミュニケーションが乏しい）を提示するという意味である。課題の解決（現在地から目的地への移行）がすなわち「目標設立」（①）になる。目標が明示されると集団は動きやすくなる。

集団が動くとは各役割が作動し交流し始めるので集団のまとまり

が育つ（②）ことになる。

校長だけでは目の届かない特定個人へのケア（③）を教育カウンセラーが具申すれば，集団の規範が保ちやすくなる。

(2) **教職員の教育力アップ**

教育カウンセラーが学校経営に貢献できる第2の領域はFD（Faculty Development：教職員の教育力アップのプログラム）である。例えばSGEワークショップの開催，サポートグループ（メンタルヘルス向上のシェアリングの会）の世話人，保護者対応のスキル（コーピングスキル）の研修会の企画などがそれである。

(3) **学校のムードづくり**

学校のムードづくり（集団の規範）も，教育カウンセラーが学校経営に貢献できる仕事である。ムードづくりとは，学校構成員全体が共有する感情（例：和気），思考（例：ふれあい教育をめざそう），行動（例：こちらから先に挨拶する）を定着させるということである。学校行事のもち方，教職員会議の運営の仕方，懇親会・情報交換会のもち方などの工夫次第で，グループの雰囲気が変わってくるという意味である。

以上を要約すると，個別の福祉に役立つだけでなく，組織にも役立つのが教育カウンセリングであるといいたい。そのためには教育カウンセリングを支える学問として，組織心理学の参入も視野に入れる必要がある。

第6章 教育カウンセラーの基本姿勢

　教育カウンセラーの資格をもつ人に要請したいのは，仕事のうえで接するすべての人とリレーションを育てていく姿勢である。

リレーションを育てる

　では，リレーションとは何か。それは2つの概念から成り立つ。

1　年齢・地位・身分・性別・国籍など，社会的役割に縛られない私人としての自分を相互に開示し合う人間関係（personal relation）

2　役割（校長，教諭，生徒，保護者など）と役割の交流を主にした人間関係（social relation）

　この2つを総称した概念，それがリレーションである。この2つを絶えず意識してキャリア（仕事）を展開する姿勢，これが教育カウンセラーの基本姿勢である。なぜそれほどまでにリレーションを強調するのか。理由は2つある。

1 生への意欲の源泉 ▶▶▶

　ひとつは，リレーション（他者とのつながり）は，生への意欲の源泉だからである。これは理論的にも実証的にも根拠がある。例えば
- サティの理論（母子一体感を求めて得られず精神疾患が生じる。）
- ロジャーズの理論（非審判的・許容的雰囲気が自己概念を変容させる。）
- フェレンチの理論（愛が癒す。）
- フロイドの理論（感情転移を介してほんとうの自分に気づく。）
- 内観法（人のおかげでいまの自分がある。）

などがそれである。実証的根拠の例としては，
- 自殺願望者には孤独感が強い。
- 不登校児には仲間集団になじめないものや，家事手伝い（役割）しないものが多い。
- 両親が離婚しても落ち込みの少ない子どもは，祖父母・伯父伯母などとのヒューマンネットワークを有するものが多い。

などがある。教育カウンセラーは，子どもや親や同僚・上司などとのリレーションを育てようとする姿勢が不可欠である。

2 学習意欲が高まる ▶▶▶

　リレーションを強調する第2の理由は，リレーションを介して学習意欲が高まるからである。嫌いな先生の指示には従わないというのが典型例である。北見芳雄（東京理科大教授・故人）の調査では，中・高校時代に東京理科大卒の先生を好いていた生徒が東京理科大を志望しているケースが多かった。「坊主憎けりゃ袈裟まで憎い」の逆，精神分析でいう置き換えの心理（displacement）である。

また，先生・友人・親を好きになると（リレーションが成立），その相手の考え方，感じ方，立ち居振る舞いを模倣するので，行動変容（学習効果促進）が起こりやすい。精神分析用語で「同一化（identification）」といわれる現象がそれである。こういうわけで，リレーションは教育（文化の伝達と個性化）の有効な条件になる。

　ではリレーションを育てる姿勢とは，具体的に何をすることなのか。その骨子は，人に対する私たちのあり方（the way of being）のことである。社交技法や対人関係スキルの底辺にある，人生態度のことである。これについては，実存主義心理学者のムスターカスの考えが，私の知るかぎり最も示唆に富む。

　ムスターカスは人に対するあり方を３つにまとめている。

---

(1)　人の内的世界を共有しようとする姿勢（Being-in）
(2)　人の役に立つことをしようとする姿勢（Being-for）
(3)　人とは違う自分を打ち出そうとする姿勢（Being-with）

　この考えを単純にして表現すると，ワンネス（Oneness），ウイネス（Weness），アイネス（Iness）となる。この３つの姿勢を駆使展開することを，リレーションを育てる姿勢という。以下にそれぞれについてコメントしたい。これが本章の主たるねらいである。

ワンネス Oneness

人の内的世界を共有しようとする姿勢（Being-in）　▶▶▶

　ワンネスとは，相手が喜んでいるときはこちらも明るい気持ちに

なり，相手が悲しんでいるときはこちらも気持ちが重くなるという，いわゆる相手の内的世界を共有する姿勢のことである。

子どもにすれば，人生で1人でも自分の気持ちをわかってくれる人がいるということが，生への意欲の源泉になる。「馬は伯楽に会いていななき」（中国の故事：名馬はその才能を見抜く鑑定の名人，伯楽がいてこそ見出される）とは，そのことである。人は，それほどまでに，自分の心情や状況を他者に理解してほしいものである。

それはそもそもの始め，私たちは母の胎内で「母は自分，自分は母」という一体感を体験しているからである。それゆえ，いくつになっても他者との間に母子一体感に似たリレーションをもちたいのである。そしてこのようなリレーションがあるときは感情が安まるので，問題行動は生じないということになる。

例えば稲村博（筑波大学助教授・故人）の「心の絆療法」がそうである。稲村は自殺願望のある学生には，自宅の電話番号を教えた。「夜中でもいいから，電話したくなったら電話しろよ」と。これによって学生は，「この人生で，僕の孤独を共有してくれる人がいる」と感じるはずである。これが自殺予防になると稲村は考えていた。

ワンネスのできる人，できない人 ▶▶▶

ワンネスのできる人（打てば響く人，感受性のある人）と，そうでない人（鈍感な人，気の利かない人）との相違は2つある。

(1) **感情体験の量**

1つは感情体験の量の多少である。例えば私（國分）は学生結婚の体験があるので，学生結婚していたり同棲している青年との会話では，ワンネス（伯楽の心境）になれる。ところが異性にふられて落ち込んでいる青年に対しては，なかなかワンネスになれない。私

に類似の感情体験がないからである。

　こう考えると，愛情の苦労，勉強の苦労，友人関係の苦労，親子関係の苦労，金の苦労などは体験しておいたほうが，教師にとっては響きのある人間になれるということになる。しかし，1人の人物が何から何まで体験することはあまりない。それゆえ，ふだんの生活で，できるだけ多様な人生背景をもつ人から耳学問をしておくことをすすめたい。SGEの合宿制体験コースなどがその機会になる。

(2)　「ねばならぬ」の多少

　伯楽になれるかなれないかの，もう1つの条件がある。それは「ねばならぬ（should）」が多いか少ないかである。「ねばならぬ」が多い教師は，子どもを受容するよりは裁く傾向が強くなるという意味である。

　例えば「学校には毎日登校すべきである」と，かたくなに思っている教師は，「なぜ学校に来ないのか」と，子どもをとがめたくなる。しかし，「人生には登校したくなくなることがあるかもしれない」と思っている教師は，「君，どうかしたの？」というセリフを口にするだろう。

　エーリッヒ・フロムは，臨床心理学やカウンセリング専攻の大学院生に，こう諭していたそうである。

「君たちはアーティストを見習え。この人たちは美醜にはこだわるが，善悪にはあまりこだわらない人たちだ。君たちが善悪（should）にとらわれないと，クライエントは裁かれる怖さがないので話しやすくなる。それゆえ君たちは自由人であれ」。

　つまり自由人とは，善悪にとらわれない人であるとの意である。善悪（ねばならぬ）から自分を解放するには，アルバート・エリスの論理療法にふれることをすすめたい。

ウイネス Weness

人の役に立つことをしようとする姿勢（Being-for） ▷▷▷

　ウイネスとは味方意識，身内意識，われわれ意識のことである。夏目漱石の次の言葉の逆の師弟関係のことである。
　「師の弟子を見ること，路人の如く
　　弟子の師を見ること，楚越の如し」
　これは，夏目漱石が熊本の旧制高校教授時代の訓辞の一節である。私の意訳では，次のようになる。
　「いまどきの教師の中には，自分の教え子を通りすがりの人間のように扱う人がいる。これでは教育にならない。また，いまどきの生徒の中には，自分の先生を敵視する者がいる。これでは教育にならない」。
　教育カウンセラーはこの逆の師弟関係，すなわちウイネスを育てようではないか。そう提唱したい。
　ウイネスを育てるとは，具体的にどういう行動をとることなのか。おもな行動は，「愛でる」「リフレーミング」「行動」の3つである。

1　愛でる

　子どもたちに視線を配ることを「愛でる」という。見られているという感覚は，「好意をもたれている」「ケアされている」「先生の眼中に自分は入っている」，つまり「愛されている」「先生から味方扱いされている」感覚である。
　つい最近，勤務先の大学学長から「國分さんの動画を見まし

よ」とひとこと言われた。大学のホームページに出ている「國分康孝の談話室」(長谷部孝司教授監修)のことである。私の年齢になっても，人に見られる(愛でていただく)というのはうれしい。子どもならもっとそうである。ナーシシズムが満たされ，自己肯定感が高まるからである。話は少し脱線するが，この動画は『18歳からの人生デザイン』(図書文化社)と題する本になっている。

さて，愛でる(見る)という行動には気力がいる。ほんやり生きているわけにはいかない。常に気を張って見ていないと「見れども見えず」ということになるからである。

私の例でいえば，外部の会議や見学引率から帰って来た教員には「ご苦労さま」と声をかけたり，家族の病気で休講した教員には廊下で会ったときに「その後いかがですか」くらいの声かけはする。論文を贈呈されたり，新聞・雑誌に論文が引用された教員には，読んだ感想を述べたりする。これに類することが小・中・高校でも，対生徒，対保護者，対同僚，対上司，対先輩にしばしばあると思う。

リレーションというものは，私的世界では自然発生的なこともあるが(例:恋愛)，プロフェッショナルな仕事の世界では意図的に育てていくことが主流になる。そして意図的に，こまめに人を見る人とそうでない人の相違は2つある。

(1) 役割(アイデンティティ)を自覚しているか

1つは，「自分の役割を自覚しているかどうか」である。すなわち，仕事上のアイデンティティが意識されているかどうかである。

新しい学校に校長として赴任したある先生が，休職中の教員宅を訪問した。「今度，〇〇学校の校長になった東海太郎です。あなたがしてほしいことがあったら，私に何なりと申しつけてほしい」と。この教員は，「自分の存在が学校で確保されている」と感じ取

り，そしてこれが職場復帰のきっかけになったということである。

また，ある校長は帰宅後，手帳に「今日，会話した教員」にマル印をつけ，1週間のうちに全員にもれなく声かけしているかどうかを確認している。これらが仕事上のアイデンティティ（例：自分は校長である）に由来する「愛でる」の例である。

(2) **気おくれせずに勇気が出せるか**

ところがアイデンティティは定まっているのに，気おくれして，声かけや人に視線を向けることをしない人がいる。これは攻撃性の外向化をためらっていると解釈できる。「目で人を射る」という言葉があるように，目というのは攻撃性外向化の出入口である。見るという行動は，気力がいる。

私も仲間や後輩の本や論文を見てコメントするときに，「こんな所感では，読み方が浅い！」と評されるのではないかと思うことがある。しかし，ためらっていては「愛でている」ことが伝わらないので，勇気を出して「僕はこう思った」と告げるわけである。

勇気とは，攻撃性の外向化である。気が弱いと人を愛することができない。勇気がないと愛でることはできない。

2 リフレーミング

ウイネスを育てる第2の行動は，相手の言動に新しい意味づけをすることである。問題児だと評されている子どもに対して，人が見落としていた観点から再評価（これまでとは異なる意味づけ）をすることである。

例えばウイスキーのボトルに半分ウイスキーが残っているとき，「もう半分しかないのか」と嘆いている人に，「まだ半分も残っているじゃないか」と気づかせるのがリフレーミングである。

私がよく引用するのは，斎藤義重（洋画家，多摩美術大学教授・故人）のリフレーミングである。多摩美術大学で，ある学生の作品に，彼はこうコメントした。
「君の絵は，すべてが絵のルールからはずれているから，評価のしようがないんだよなあ」。
「しかし，君のよさは絵のルールに縛られないことにある。君は今日から絵のルールを無視して，描きたい放題描きまくってみろ。そのほうが君は伸びるぞ」。
　あとで学生が言うには「斎藤先生は有能だからああいう言い方ができるんだ。若い教授はぼくらの絵をけなすばかりで，ほめてくれる人はいない」と。リフレーミングされた学生は，自分には味方がいると感じ取り，自己肯定感が高まるのである。それゆえ教師は，リフレーミングの能力をふだんから養っておく必要がある。
　そのために心がけておくことが2つある。1つは，「自分の劣等感を克服しておくこと」である。劣等感があると，ほめるよりもけなす言動に走りがちだからである。これは「引き下げの心理（人をけなして自分の劣等感を消そうとする傾向）」が働くからである。
　例えば，自分が○○大学の入試に不合格だった劣等感のある教師が，○○大学に合格した生徒に手放しで「よかったねえ。おめでとう」と言いたくないのがその例である。「君が合格したのはまぐれだよ」程度の応答をしてしまう。
　リフレーミング能力を高める第2の方法は，「複数の観点を学習しておくこと」である。すなわち，複数の哲学，複数の理論，複数の方法・技法，複数の行動様式に，ふだんからなじんでおくことである。幅広く勉強することである。

3 行動を起こす

　言語だけではリレーションが育たないことがある。一緒に掃除する，一緒に合宿する，試験場まで一緒につき合うなど，行動を共有するから情が湧く（リレーション）のである。

　あるいは，家庭訪問をする，見舞い状を出す，相談に乗る，個別的に勉強を教えるなど，行動で好意を示すから，味方意識が育つのである。言語だけでリレーションをつくろうとする姿勢を，リップサービスという。

　そうならないためには，自分はどういうときにどういう体の張り方をするかを，ふだんから決めておくことである。そうでないと，その場に臨んでとっさに行動できないことがあるからである。

　ある新任教師が保護者の自宅に呼びつけられて，夜中まで苦情を聞かされ，やっと解放されて玄関を出てきた。すると，保護者宅の門柱のところで，教頭が新任教師が出てくるのを待っていたそうである。この新任教師は「自分をサポートしてくれる人がいると感じ取ったので，教師を辞めなかった」と語っていた。

　行動で示す教師と無精な教師，こまめに動く教師と腰の重い教師，この違いは何かといえば，プロフェッショナル・アイデンティティの強弱ではないか。つまり教師としての自分の権限と責任の，意識度の強弱ではないかと思われる。

アイネス Iness

人とは違う自分を打ち出そうとする姿勢（Being-with）▶▶▶

　アイネスとは，「私はこうだ」と自分を打ち出して，リレーショ

ンを育てる姿勢である。いつもニコニコして，いつも受容的・共感的であればよいというものではない。

　昔から「男児（女性も同じ），三日会わざれば，まさに瞠目して待つべし」などというのがそれである。彼（彼女）と三日ほど会わなかったが，その間に彼（彼女）はどのように成長したか，それを目を見張って待っているとは，「『いまの私はこういう人間だ』と，人に表現する気概で生きよ」という意味である。

　アメリカでは人の話を聞くだけで，自分を表現しない人間を「ドア・マット」と評するが，教師は受容・共感という美名のもとにドア・マットになってはならない。ここぞと思うときには，自分を打ち出す気力と知力が必要である。そのようなリレーションをつくらないと，教育にならない瞬間がある。教育とは社会化であるから，「これが世の中というものだ」「世の中には私のように感じる人間がいる」と子どもと対峙しなければならない瞬間がある。

　では，自分を打ち出すとは具体的にどうすることか。2つある。1つは自己開示，もう1つは自己主張である。それぞれを概説する。

1　自己開示

　自己開示とは，自分の思考（価値観，ビリーフ，願望），感情（喜怒哀楽），行動（過去・現在の自分の行動・事実）をオープンにすることである。

「自分は何事についても差別反対である。正義感の強い人間だ」
「私は親ほどありがたいものはないと思っている」
「僕は2浪して大学に入り，6年かかって大学を出た人間だ」

　このような自己開示には，教育的に3つの意味がある。まず「先生はそういう人生を歩んでいる人なんだ」と子どもが教師を理解で

きる。ひところ「児童理解」というテーマが教育界で流行したが，自己開示は子どもにとって「教師理解」の意味がある。子どもはこれによって先生への親近感が増し，師弟のリレーションが深まる。

　第2に，教師の自己開示を子どもが模倣して，子どもも自分を語るようになる。その結果，師弟のリレーション（絆）が深まる。

　第3に，教師の自己開示の中に，子どもは人生を生きていくうえでの示唆を得ることができる。私が陸軍幼年学校（幹部将校を養成する学校）の生徒のころ，指導教官が「僕は演習のとき，沼に落ちた部下を助けてやることができなかった。部下を死なせることほど，上官として苦しいことはない」と自己開示した。私たち生徒は「指揮官たるものは部下の命を大事にしなければならない」との教訓を得た。自己開示はすぐれた教育方法である。

　さて，自己開示のできる教師とこれが苦手の教師がいる。その違いはどこにあるのだろうか。自己受容の差である。少年時代に家出をしたことを受け入れている教師は，「実はぼくも家出をしたことがある」と開示できる。しかし，家出した自分をいまも恥ずかしがっている人は，なかなかそれを話題にできない。

　したがって，子どもから見て豪放磊落（ごうほうらいらく）で，とっつきのよい教師（俗にいう人間味のある人物）とは，あるがままの自分を受容している人ということになる。自己受容を高めるには，被受容体験を重ねることである。そのためには，いまのところSGEの合宿制体験コースが最も有効のように思われる。

2　自己主張

　自己主張とは，自力で自分の権利と尊厳（プライド，ディグニティ）を守ることである。「出る杭は打たれる」というが，打たれな

いような出る杭になるスキルを自己主張スキルという。これを身につけていないと，屈辱感，自己弱小感，自己嫌悪のとりこになることがある。教師自身のメンタルヘルスのためにも自己主張能力は学習しておく必要がある。また自己主張は教師個人のためだけでなく，子どもの教育にとって大事なものである。それは，教師が子どもの超自我対象（畏敬の対象）だからである。例をあげる。

　昔，私が少年刑務所のカウンセラーをしているときに，1人の受刑者に学んだことがある。「私は子どものころから警察の世話になっていた。父が私を警察に引き取りに来たが，1回も僕を殴ってくれなかった。そういう父を私は軽蔑していた」と。父に殴ってほしいというのは「父には是々非々をはっきり示せる超自我であってほしかった」という意味である。

　私は，教育（社会化）では教師が毅然として自分を打ち出さないと，子どもの畏敬の対象になり得ないと言いたい。ここが教育の役に立つカウンセリングと，治療の役に立つカウンセリングの違いである。

　さて，ここで問題になるのが，なぜ自己主張をためらう教師がいるのか，なぜI think …，I feel …と打って出ないのかということである。それは多くの場合，失愛恐怖に由来する。こんなことを言ったら袋叩きに遭うのではないかという恐怖があるからである。教育カウンセリングを支える1つの思想は実存主義である。それゆえ，実存主義の立場からいえば，「震えながらも言うべきことは言え，なすべきことはなせ」と言いたい。

　袋叩きや非難や拒否は，だれでも怖い。袋叩きに遭っても平気な顔をしていなければならぬという法律があるわけではない。それゆえ，ここぞと思う瞬間は，われ石になりても叫ばん，という気概で

自己主張し，子どもの超自我であり続けたい。

これが教育カウンセラーの「リレーションを育てる」という第3の意味である（第1の意味はワンネス，第2の意味はウイネス，第3の意味はアイネス）。

まとめ

以上，教育カウンセラーの基本姿勢とは，ワンネス，ウイネス，アイネスの3種類のリレーションを育てようとする心構えのことであると述べた。

ここで留意すべきことは，ワンネスができていないときにはウイネスも効を奏しないということである。まずワンネスから入れということである。ワンネスができるようならウイネスに進む。そうでないと，子どもにとって「ありがた迷惑」のウイネスになるからである。そしてワンネスとウイネスができるようになったら，アイネスに進む。そして最終的には，状況に応じてワンネス，ウイネス，アイネスを自由に駆使展開できるようになることである。

第7章 教育カウンセリングと隣接するカウンセリングとの異同

　本書出版の平成21年（2009年）は，日本のスクールカウンセリング界にとって新しい段階を迎えた年である。

　周知のように平成7年以来，日本のスクールカウンセリング事業は，臨床心理士による業務独占といえる状態が続いていた。すなわち臨床心理士以外のカウンセラーは正規のスクールカウンセラーではなく，準スクールカウンセラーと称し，雇用の条件（賃金，採用率）に差があった。すなわちカウンセリングの修士号を取得しても「準」扱いであった。

　ところが平成21年度から文部科学省（児童生徒課）は，教育相談等に関する調査研究協力者会議の具申に応えて方針を変更した。すなわち学校のニーズに応じて，準スクールカウンセラーを積極的に採用するよう全国の教育委員会に要請し始めたのである。

　これに呼応して，準スクールカウンセラーの認定団体や支援団体が連合して，ひとつの運動体を結成した。称して曰く「スクールカウンセリング推進協議会」（事務局：NPO日本教育カウンセラー協会）。いまのところ，この協議会の構成団体は下記の8つである（順不同）。

```
1  日本生徒指導学会
2  日本学校教育相談学会
3  日本キャリア教育学会
4  日本カウンセリング学会
5  学校心理士会
6  学校心理士認定運営機構
7  日本教育カウンセリング学会
8  日本教育カウンセラー協会
```

　さて，これらの団体が連合する場合，共有できるプリンシプルは何か。この協議会での衆議の結果は，ガイダンス・カウンセリング（育てるカウンセリング）である。すなわち，学校カウンセラー，学校心理士，キャリア・カウンセラー，認定カウンセラー，教育カウンセラーなど，いずれの準スクールカウンセラーも「ガイダンス・カウンセリング」を共通基盤にしているという認識である。
　これは私の認識であるが，ガイダンス・カウンセリングの特徴として

```
(1)  発達課題を扱う
(2)  プログラム展開を主たる方法とする（いわゆる授業型カウンセリング）
(3)  能動的である
```

があげられる。
　前述した諸資格所有者が相互扶助・相互連携の関係を育てる時代

が到来しつつあるとき，大事なことは何か。ガイダンス・カウンセリングの枠の中にあって，それぞれの資格の独自性を認識し，許容し合うことである。「自分たちの資格が一番だ」とシブリングライバルリィを起こさないことである。

　そこで本章では，教育カウンセラーはほかのカウンセラーと比較するとどういう特長があるのか，どういう点についてほかのカウンセラーに敬意を表すべきかを考えたい。

　この拙論は以下の著作に示唆を得たものである。それゆえ文献研究不足に由来する私の偏見は，読者の方々の討論で修正していただきたい。

1　日本学校教育相談学会企画，日本学校教育相談学会刊行図書編集委員会編著『学校教育相談学ハンドブック』ほんの森出版，2006

2　日本カウンセリング学会編『認定カウンセラーの資格と仕事』金子書房，2006

3　石隈利紀監修，水野治久編『学校での効果的な援助をめざして──学校心理学の最前線』ナカニシヤ出版，2009

4　日本キャリア教育学会編『キャリア教育概説』東洋館出版社，2008

5　NPO日本教育カウンセラー協会編『教育カウンセラー標準テキスト　初・中・上級編全3巻』図書文化社，2004

学校カウンセラー

　小泉英二らが1990年（平成2年）に設立した日本学校教育相談学会が，4年の歳月をかけて検討し，1995年度から資格認定を始めた。それが「学校カウンセラー」である。この時期にこの学会とは別に3学会（日本教育心理学会，日本進路指導学会，日本カウンセリング学会）が連合して「相談指導教諭」案を作成し，文部省に働きかけたが実現しなかった。

　私の推論では，1995年（平成7年）に臨床心理士主流のスクールカウンセリング事業が始まる前から，カウンセリング関係者は「教師主流のカウンセリング」をめざしていた。その先駆のひとつが日本学校教育相談学会である。

　この学会の認定する「学校カウンセラー」は，教育カウンセリングとその原理は同じであると思われる。

(1) すべての教師がすべての子どもに使えるカウンセリング
(2) 個別面接志向のカウンセリングにとどまらない，グループアプローチ（例：学級経営や授業に生かすカウンセリング）
(3) 発達課題を主たるテーマにするカウンセリング

　そのためであろうか。教育カウンセリングの発足当初（1999年）から，日本学校教育相談学会の支部と日本教育カウンセラー協会の支部が研究会や研究誌を「相互乗り入れ方式」で展開するという現象があった。

　したがって，学校カウンセラーと教育カウンセラーの相違は，私には些細なことしか見当たらない。以下に列挙するのがそれである。
1　学校カウンセラーには「教職歴」が必要条件になっている。教

育カウンセラーはそうではない。その理由は多分次の事情による。

　学校カウンセラーは「学校」を冠してあるところから推論して，「学校の中での」カウンセリングであるが，教育カウンセラーは学校以外の教育の場も含めている（例：塾の教師，寮監）。ただしその数はいまのところ少ない。

2　学校カウンセラーの扱う発達課題は，学業的発達，キャリア的発達，個人的・社会的発達であるが，教育カウンセリングではこれにもうひとつ「健康」を加えている。周知のようにアメリカのスクールカウンセリングの掲げる発達課題は，日本学校教育相談学会と同じで，「健康」は入っていない。教育カウンセラーには養護教諭が多数参加しているので「健康」を加えてある。生活習慣，性教育，健康の自己管理，ストレス対応，個別相談などの仕事をイメージして加えている。

　教育カウンセリングの立場からとくに強調したい点は，教師の主たる仕事である教科指導と学級経営に役立つカウンセリングの開発である。伝統的な身の上相談風の個別面接だけに終始しないという方針を，とくにシェアしたいと思う。

認定カウンセラー

　中村弘道らによって1967年（昭和42年）に日本カウンセリング学会（当時の名称は日本相談学会）が設立され，1986年（昭和61年）に学会認定カウンセラー制度を発足させた。

　この認定カウンセラー制度のねらいは，個人・集団・組織（対象）それぞれの

(1) 成長・発達

(2) 問題発生の予防
(3) 問題の解決

である。したがって教育カウンセリングと基本原理は同じである。原理は同じであるが，両者は部分的にウエイトのおき方に若干の相違がある。私のみるところ以下の2つがそれである。

1　教育カウンセリングは「教育」に特化しているが，認定カウンセラー制度は，教育だけでなく，産業，福祉，司法，厚生，医療の分野もカバーしている。

2　認定カウンセラーを支える学問は，カウンセリング心理学である。カウンセリング心理学は，キャリアやリハビリテーションやグループワークなど特定の課題に特化していないという意味で，知識体系がジェネリックである。それゆえ，認定カウンセラーを支えるカウンセリング心理学の知見の深化・拡大は，教育カウンセリングにとっては有意義なコラボレーションの土台になる。

　　たぶん強いて相違を発見しようとすれば，教育に特化している教育カウンセリングは，カウンセリング心理学だけでは対応できない課題が少なくない。例えば，学業なら教育心理学も，キャリア教育ならキャリア心理学を，特別支援ならリハビリテーション心理学を，環境調整にはソーシャルワークを，学校マネジメントには組織心理学や教育学も，といった具合に他の学問も借用することになる。

学校心理士

　学校心理士という資格は教育心理学会が1997年に発足させたが，その後他学会も参加連合して，いま（2009年）は「学会連合資格

『学校心理士』認定運営機構」が認定している。

(1) 子どもへの間接的支援

この資格の特徴として、教育カウンセラーとは対照的な、間接的支援（indirect service）をあげることができる。教育カウンセラーは子どもにSGEを実施したり、サイコエジュケーション（例：ソーシャルスキル）のプログラムを展開するといった具合に、じきじきに子どもに接する直接支援（direct service）である。

学校心理士は、教師や保護者や学校管理者の相談相手になり（コンサルテーション）、この人たちの直接支援をするのが第一義的な仕事になる。相談内容としては、子どもの学習面、心理・社会面、進路面、健康面などの学校生活である。したがって、コンサルテーションのほかに、直接支援の担当者が協力できる体制をつくる（コーディネーション、チーム支援の調整役）専門家である。いうなれば「子ども」というよりは「大人」を相手にすることになる。

私のイメージでは、他の資格認定団体が開発した方法（例：SGE、進路指導、学級経営、保護者会）を、学校の中で機能しやすいように（効果があがるように）ひとつの連携体に育てる役割を果たそうとしている。これが学校心理士の特徴のひとつである。

これは個室にこもった面接志向のカウンセリングから、学校組織に組み入れられたカウンセリングの提唱になると私は思っている。

(2) 特別支援教育になじみが深い

学校心理士の第2の特徴は、特別支援教育になじみが深いことである。すなわち第三次支援へのウエイトが教育カウンセリングよりも重い。教育カウンセラーは第一次支援（教育・開発志向）と第二次支援（予防志向）にウエイトをおき、第三次支援（問題解決志向）へのウエイトは学校心理士ほどではない。そして学校心理士も

教育カウンセラーも，通常学級の中で特別支援教育の発想を応用・活用する方法（第二次支援）を啓蒙・研究しつつある。

(3) 支えは学校心理学

　学校心理士の第3の特徴は，その支えとなる学問が学校心理学であるということである。学校心理学は教育心理学とカウンセリング心理学の合流・統合と考えられる。教育心理学が得意としている学習に関する知識・方法とアセスメント（例：心理テスト）そしてカウンセリング心理学の特長としているインターベンション（例：助言・面接）を柱として，生成発展してきた。それゆえ，カウンセリング心理学からみれば，学校心理学はアセスメントに強いという評になる。

　以上を要約すると，学校心理士も教育カウンセラーも

　(1) すべての子どもを対象に
　(2) 発達課題に取り組みながら成長するのを援助する

という基本原理は同じである。方法（問題へのアプローチの仕方）にそれぞれの学問的背景の差が出てくるが，この差が相互援助・相互連携の絆になると考えられる。

キャリア・カウンセラー

　キャリア・カウンセラーは，日本キャリア教育学会（旧・日本進路指導学会）が1992年に認定を開始した資格である。資格としての歴史は新しいが，学会の歴史は長い。藤本喜八らが1953年に日本職業指導学会を立ち上げ，その後，1978年仙﨑武らによって「日本進路指導学会」に改組，2005年学会名を「日本キャリア教育学会」に改め今日に至っている。

この学会が認定しているので,「キャリア・カウンセラーは小・中・高校のカウンセラー」だと誤解されがちであるが,そうではない。キャリア・カウンセラーの守備範囲は,小・中・高校の進路指導やキャリア教育のほかに,大学でのキャリア形成や就職活動,産業界での適応行動への支援,退職期の再適応に至るまで,生涯にわたるものなのである。

いまのところ,ほかの団体の資格取得者に比べてその数は多くはないが,キャリア・カウンセラーの存在は,ガイダンス・カウンセリングを標榜する準スクールカウンセラーの世界にとって,以下の意義がある。

1 臨床心理士志向のカウンセリングと,ガイダンス・カウンセリングの識別をするときに,キャリア教育は後者を代表するものである。キャリア教育は生き方教育(人生設計)であって,治療・矯正教育ではない。その意味において,セラピイの対照概念ガイダンスの代表である。ガイダンス・カウンセリングのアンカー役(錨のようにぶれを防ぐの意)である。

2 キャリア・カウンセラーを支える主たる学問はキャリア心理学であるが,この分野にはカウンセリングの主要理論に相当する理論がいくつもある。これらすべての理論に詳しいカウンセリング関係者は少ない。それゆえに,これらの理論をガイダンス・カウンセリング界に導入するのがキャリア・カウンセラーの任務ではないか,と私は考える。

キャリア理論はいずれも人間としての生き方(人生時間の使い方)を示唆する理論である。例えば

● 自分の特性に合った人生コースを選ぶ(組み合わせ理論,マッチング論)。

- 仕事を通して自己概念は変わり，自己概念が変わると次の仕事に移りたくなる。人生は流れである（発達論）。
- 人生は偶然で決まる。しかし，志がなければ偶然を生かし得ない（偶発論）。
- 人生でぶれないために自分の錨（価値観，願望など）をもて（キャリア・アンカー論）。
- 人生は物語だ。物語の主人公は一貫したもの（矛盾がない，不整合がない）をもて（ナラティブ・アプローチ）。

などは，子どもの教育・指導に示唆を与えてくれると思う。

どの資格の所有者も，ガイダンス・カウンセリングの枠でみると，子どもの「人生指南番」の要素がある。それゆえキャリア理論は示唆に富む。それが上記の例（表現はいずれも私流のもの。厳格な学術的表現ではない）である。

さて，キャリア・カウンセラーには以上のような特色があると思うが，他の資格との共通性を3つあげておきたい。

(1) 個別カウンセリングの技法だけにとどまらず，学習プログラム（カリキュラム）を提示している。
(2) メンタルヘルス（パーソナルカウンセリング）に深入りはしないが関心は有している。
(3) 心理尺度をいくつも開発してリサーチ（効果測定）をし，エビデンス・ベースト・カウンセリングをめざしている。

教育カウンセラー

いよいよ自分の番である。他の資格の守備範囲とそれを支える知識体系を粗描しながら，教育カウンセラーの特徴は以下の3つにな

ると暫定的に結論づけた。
1　臨床心理士によるスクールカウンセリング事業の業務独占への義憤は，教育カウンセラーが最も強いのではないか。日本教育カウンセラー協会は，臨床心理士志向のスクールカウンセリング制度導入に反対して，平成7年以降に設立されたからである。
2　教育カウンセラーは直接支援の方法をいくつも開発してきた。
- SGE（國分SGE研究会）
- キャリア教育プログラム（片野智治ほか）
- サポートグループ（國分久子ほか）
- シェアリング方式スーパービジョン（片野智治・吉田隆江ほか）
- サイコエジュケーション（清水井一ほか）
- Q-U尺度（河村茂雄ほか）
- SGEリーダー養成方式（片野・國分ほか）
- カウンセリングを生かした教育方法（國分康孝・國分久子・片野智治ほか）
- 教室課題対応法（國分康孝・國分久子・片野智治・河村茂雄・諸富祥彦ほか）
- 治す生徒指導・育てる生徒指導（飯野哲朗ほか）
- 簡便内観（飯野哲朗ほか）
- 教師のコミュニケーション（國分康孝・國分久子ほか）
- SGEを生かした教科教育・外国語教育・保護者（平成22年度出版予定）

3　教育カウンセラーは上記のようにプラクティカルな方法・技法を開発普及させたが，その根底にはプラグマティズムのほかに実存主義の思想が強い。それは構成的グループエンカウンターを介してこの思想が普及定着したからであろうと思われる。

あとがき

　NPO日本教育カウンセラー協会設立10周年を記念して，本書の執筆を広報担当の池場望理事から依頼された。この10年間，「教育カウンセリング概論」と題する講義を全国の支部でおそらく100回以上話してきたが，それを活字に残しておこうと思い書きあげた。

　私の頭にいちばん去来したのは次の方々への感謝の念であった。協会立ちあげのとき無償で事務局を開設してくださった図書文化社の葭内善三郎社長（故人），葭内社長のご好意を継承してくださった清水庄八社長，工藤展平社長，そして現在の村主典英社長である。

　また協会発足を共にした高野清純，吉田辰雄，小泉英二，茨木俊夫，福島脩美の各氏。そして当時から10年にわたり協会本部の役員を務めてくださった岸俊彦，新井邦二郎，池場望，河野義章，中村道子，國分久子の各氏にも感謝申し上げたい。途中から伴走者に加わってくださった片野智治，中野武房，石隈利紀，木村周，田上不二夫，八並光俊の各教授，およびいまは外部からのサポーター中野良顯教授などから，私の「教育カウンセリング概論」を支持していただいた。そして私の義憤に現実原則と理論的根拠を提供していただいたと感謝している。

　そして最後に，協会本部の東事務局長，楠元次長のマネジメントぶりに敬服していること。全国の支部役員と会員の方々に，同じ話を何回もする場を設定しご静聴いただいたおかげで，毎回少しずつエッセンスを明確化することができたこと。心からお礼申し上げたい。

　「教育カウンセラー4万人」という目標達成にいましばらく，協会と伴走してくださることを願うや切。

　　　　　　　　　　　　　　　　　　　　　　　　　國分　康孝

國分康孝（Kokubu Yasutaka）

東京成徳大学副学長。日本教育カウンセラー協会会長。日本カウンセリング学会会長。東京教育大学，同大学院を経てミシガン州立大学大学院カウンセリング心理学専攻博士課程修了。ph. D.。ライフワークは折衷主義，論理療法，構成的グループエンカウンター，サイコエジュケーション，教育カウンセラーの育成。師匠は，霜田静志，W. ファーカー。著書多数。

教育カウンセリング概説

2009年11月20日　初版第1刷発行　［検印省略］
2016年6月1日　初版第2刷発行

著　者　國分康孝 ©
発行者　福富　泉
発行所　株式会社 図書文化社
　　　　〒112-0012　東京都文京区大塚1-4-15
　　　　Tel.03-3943-2511　Fax.03-3943-2519
　　　　振替　00160-7-67697
　　　　http://www.toshobunka.co.jp/

組　版　株式会社 Sun Fuerza
印刷製本　株式会社 厚徳社
装　幀　中濱健治

ISBN978-4-8100-9555-5　C0011
乱丁・落丁本の場合はお取り替えいたします。
定価はカバーに表示してあります。

JCOPY ＜(社)出版者著作権管理機構 委託出版物＞
本書の無断複写は著作権法上での例外を除き禁じられています。複写される場合は，そのつど事前に，(社)出版者著作権管理機構（電話03-3513-6969，FAX 03-3513-6979，e-mail: info@jcopy.or.jp）の許諾を得てください。

友達をヘルプするカウンセリング
ピアヘルパー ハンドブック

JECA 特定非営利活動（NPO）法人
日本教育カウンセラー協会 編
Ａ５判・144頁　●本体**1,500**円（＋税）

大学生・短大生向けに，ピアヘルパーとして身につけておくべき知識とスキルをまとめた初のテキストです。「ピアヘルパー」は日本教育カウンセラー協会の認定資格で，本テキストは加盟校にて実施される認定試験の出題範囲となっています。カウンセリングの基礎をやさしく学びたい場合の入門書としても最適です。

■おもな目次

第１章　カウンセリング概論　１　導入・構成的グループエンカウンター　２　カウンセリングの定義と略史と必要性　３　カウンセリングの種類　４　ピアヘルピングと近接領域の関係　５　ピアヘルピングのプロセス　６　ピアヘルパーのパーソナリティ　７　最近のカウンセリングの動向

第２章　カウンセリングスキル　１　ピアヘルピングの言語的技法①　２　ピアヘルピングの言語的技法②　３　ピアヘルピングの非言語的技法　４　対話上の諸問題への対処法　５　問題への対処法　６　ピアヘルパーの心がまえ　７　ヘルピングスキルの上達法

第３章　青年期の課題とピアヘルパーの留意点　１　ピアヘルパーの責任範囲と留意点　２　進路領域　３　学業領域　４　友人領域　５　グループ領域　６　関係修復領域　７　心理領域

●さらに「教育カウンセラー」をめざす人へ

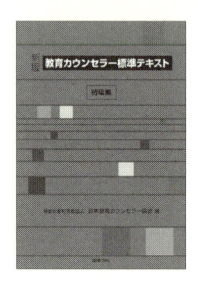

新版 教育カウンセラー標準テキスト
初級編・中級編・上級編　　Ｂ５判●本体各**3,300**円

教育カウンセリングとは，子どもが発達途上に経験する適応，学業，進路などの諸問題について，その解決をめざして行う予防，開発的な援助です。このテキストは，教育カウンセラーが「何を知っているか，何を知らないか」「何ができるか，何ができないか」を体系的に学ぶものです。

図書文化

※定価には別途消費税がかかります